面向用户认知的交互式信息检索研究

刘　萍　著

科 学 出 版 社

北　京

内 容 简 介

在知识经济时代，用户的信息需求呈现出多样化、个性化和知识化的趋势，这给信息检索带来了严峻的挑战。本书以用户认知为中心，融合信息科学、认知科学、计算机科学等多学科的观点，研究促进用户认知构建的交互式信息检索系统模型设计与实现。通过梳理基于认知观的信息搜寻行为理论模型和观测用户在信息检索过程中的认知负荷变化，发现和识别影响用户检索的认知因素；提出以动态、交互、可适应性知识地图为核心的信息检索模型，详细阐述关键技术和实现方案；采用扎根理论研究方法建立用户在探索式搜索情境下的知识建构模型，并提出认知结构的量化评估指标。本书发展和完善了现有的信息检索理论体系，丰富了信息检索系统用户认知理论，促进认知科学向信息检索领域的渗透。

本书既适用于从事信息检索领域研究和实践的各类人员，也可作为高等院校信息管理与信息系统、计算机科学与技术、图书馆学、情报学等专业高年级本科生和研究生的参考书。

图书在版编目（CIP）数据

面向用户认知的交互式信息检索研究/刘萍著. —北京：科学出版社，2021.3

ISBN 978-7-03-068108-9

Ⅰ. ①面… Ⅱ. ①刘… Ⅲ. ①情报检索－研究 Ⅳ. ①G252.7

中国版本图书馆 CIP 数据核字（2021）第 030922 号

责任编辑：邓 娴 / 责任校对：贾娜娜
责任印制：张 伟 / 封面设计：无极书装

科学出版社 出版
北京东黄城根北街 16 号
邮政编码：100717
http://www.sciencep.com

北京凌奇印刷有限责任公司 印刷
科学出版社发行 各地新华书店经销
*
2021 年 3 月第 一 版 开本：720 × 1000 1/16
2022 年11月第三次印刷 印张：10 1/4
字数：217 000

定价：102.00 元

（如有印装质量问题，我社负责调换）

前　言

21世纪人类全面进入信息社会和知识经济时代，信息的增长与传播速度在互联网技术的催化下达到了前所未有的程度，快速、有效地在信息海洋中找到所需要的信息，已是人们日常生活中的重要需求，也是人们事业取胜的关键所在。正因如此，信息检索作为人类获取知识的重要渠道和手段，其作用更加凸显，信息检索系统作为信息检索的重要载体在信息社会中的地位也与日俱增。

在情报学理论研究与实践活动中，构建高效的信息检索系统一直是情报学长期追求的目标。主流的以系统为中心的信息检索虽然在不断改进算法，但由于没有重视用户的认知心理，缺乏辅助用户认知表达的交互途径，在满足用户真实信息需求上依然存在一定局限。认知观点的引入使信息检索得到了新的发展，其研究重点逐渐从系统和技术层面转移到用户认知层面的交互。信息检索本质上是一种认知活动，透过用户的认知心理层面，从认知建构视角出发对信息检索进行研究，不仅能充分认识用户检索行为背后的意识形成、思维模式和认知发展过程，更能通过探索影响其行为产生及变化的内在机理，从根源上寻求解决信息检索过程中用户认知困惑的交互途径，帮助用户更清晰地认知和表达信息需求。对于交互式信息检索（Interactive Information Retrieval，IIR）系统的研究，应当充分吸纳认知观点，重点关注影响信息检索过程中用户需求表达和行为意图背后的认知建构过程，通过设计丰富的交互机制，帮助系统适时地关注、捕捉和利用用户的行为动态，并通过适应性的反馈，最终使用户需求得到真正满足。

本书从知识理解和认知科学角度出发，以认知建构理论为指导，通过挖掘和丰富知识关联，提升知识组织的质量，为用户强化和明晰信息资源空间的知识结构；通过人机交互，展现个性化和可适应性知识地图，实现知识的快速检索，提高信息资源利用效率，有效地解决用户信息需求传递的瓶颈问题，加速知识共享，更好地满足用户信息需求多样化、个性化和知识化的需要。本书的研究内容主要由以下三部分组成。

第一部分是认知信息检索理论及检索过程认知负荷变化研究（第2～4章）。首先对交互式信息检索研究进展进行评述；其次梳理基于认知观的信息搜寻行为基础理论，并重点讨论影响信息搜寻行为的不同认知因素；最后采用实验方法，对信息检索过程中不同阶段用户的认知负荷进行测量评估，探究信息检索过程中的认知负荷动态变化规律，并识别认知负荷最重的阶段及原因，明确认知信息检索的现实需求，为细化用户与系统交互方案研究提供支持。

第二部分是面向认知建构的交互式信息检索系统模型设计（第5章和第6章）。第5章以认知建构主义理论为基础，以促进用户与系统的双向认知为研究目标，提出一个以动态、交互、可适应性知识地图为核心的信息检索模型（Linguistic and Knowledge-based Model）。第6章研究面向认知建构的交互式信息检索系统的实现以及其中涉及的关键技术，包括知识地图的建构和用户兴趣模型的生成等，并设计多个实验对模型和个性化排序算法进行验证分析。

第三部分是用户知识建构模型和认知结构量化评估（第7章和第8章）。采用扎根理论研究方法，通过参与式观察和半结构访谈收集资料，利用三级编码进行资料分析，识别出用户在探索式搜索过程中的认知环节，构建探索式搜索的知识建构模型。在此基础上，提出量化用户认知结构的指标体系，并对该指标体系进行验证和评估。

综合国内外研究，笔者认为本书的研究内容主要有以下三点创新之处：第一，本书提出的认知建构视角下的交互式信息检索模型，以建构主义理论作为理论指导，集成系统导向与认知导向的信息检索研究范式，丰富了信息检索的理论体系，并进一步深化了认知信息检索模型的研究视野和可行路径，填补了现有认知信息检索研究从方法论到实践应用的研究空白，是认知信息检索模型实践研究的一次有力尝试。第二，利用扎根理论方法进行探索式搜索的用户研究，探索用户在进行探索式搜索时深层次的知识建构的过程，进而构建探索式搜索的知识建构模型，进一步拓宽了探索式搜索情境下的用户研究理论体系，为辅助用户知识建构的信息搜索系统的设计与完善提供了更好的理论支撑。第三，基于意义建构理论和层次语义网络模型提出对探索式搜索过程中用户的认知结构应从概念节点和概念关系两个方面进行量化评估，并且创新性地借鉴语言学中语法、语义和语用三个层面，即外在形式、内在含义以及实际效用三个层面提出评估概念节点和概念关系的指标，形成一套全面评估用户认知结构的体系。

本书是国家自然科学基金面上项目“基于个性化知识地图的交互式信息检索系统研究——从用户认知的角度”（编号：71573196）的研究成果，感谢国家自然科学基金委员会的资助。感谢课题组成员李斐雯、杨宇、叶方倩、李亚楠、杨志伟、郁聪、苏文婷、邓叶芝一直以来的支持、努力和付出。本书的研究还参考了国内外学术界的众多研究成果，在此谨向学术界的各位前辈和同仁致以衷心的谢意！

认知信息检索是一项艰巨而复杂的工程。本书从用户认知建构视角，对交互式信息检索系统模型及实现的关键技术进行了一些探索，提出了促进用户与系统双向认知的交互式信息检索系统模型，实现了基于知识地图的个性化信息检索系统，完成了原型系统的测试。同时在揭示用户知识建构过程和认知结构量化评估方面进行了一些探索，但还不够深入，希望能为认知信息检索研究抛砖引玉。由于本人精力和学识有限，书中难免存在不足之处，恳请专家与读者批评指正。

刘　萍

2020年5月于珞珈山

目　录

第1章　引　　言

1.1　研究背景与目的

随着信息化程度的加深，各种资源呈指数级增长。当人们面临海量信息时，如何快速查询到合适的信息成为人们面临的巨大挑战。信息检索正是为满足人们的信息需求应运而生的。信息检索系统自从 20 世纪 50 年代提出以来，就受到广泛和持续的关注。计算机领域的研究学者提出了各种信息检索模型来表示检索文档和查询及计算文档与查询的相关程度。其中最具代表性的经典信息检索模型包括布尔逻辑模型、向量空间模型及概率模型（Baeza-Yates and Ribeiro-Neto，1999）。

21 世纪初，基于语言和知识的信息检索模型得到了较为广泛的关注与应用。与统计模型不同，基于语言和知识的检索模型试图识别文档主题并考察用户查询背后的真实需求，从而更加准确地理解文档与用户，获得更好的检索效果。Ponte 和 Croft（1998）首次将统计语言模型的概念应用到信息检索领域，提出了查询条件概率语言模型。Blei 等（2003）提出了隐狄利克雷分配（Latent Dirichlet Allocation，LDA）模型，用来发现文档中的隐含主题。另外，基于本体的信息检索也逐渐成为智能检索的重要研究内容。本体具有良好的概念层次结构和对逻辑推理的支持，具有通过概念之间的关系来表达概念语义的能力，能较好地为语义检索和概念检索提供知识基础，所以近年来，美国、欧盟等语义网研究机构和大学实验室相继设计与提出了不少有代表性的基于本体的信息检索系统，如基于语义网检索的 Metalog；最早基于顶层本体设计的 WebKB；基于可扩展标记语言（Extensible Markup Language，XML）表示的 Quest、Elixir；面向 XML 文档的查询语言（A Query Language for Information Retrieval in XML Documents，XIRQL）等。国内也有许多研究者，如张一洲（2015）、杨月华等（2015）、张少康（2016）、司莉等（2017）从不同角度探讨基于本体的信息检索方法，旨在利用本体知识实现对用户提问及网络资源的语义理解与分析，改进检索效果。但是总体来说，基于本体的信息检索研究主要还是停留在理论研究方面，在具体的实施和系统构建上还比较少。这主要是因为本体的自动构建和基于本体的信息资源自动标注问题尚未解决。

“以系统为中心”的信息检索研究虽然在基础理论、系统实践等方面取得了较大发展，但是也有明显的局限性。原因在于它的理论基础是香农（Shannon）和韦弗（Weaver）在信息论中提出的信息传递模型，其主要观点在于：信息是客观的、用来消解不确定性的东西；信息交流是信息发送者与信息接收者之间的直接交流，语言只是传递信息的工具；信息系统只需要考虑语法层次的信息传递而无须考虑语义和语用问题。信息传递观点的内在假设在于：用户只需要访问高质量、及时、可靠、有效的信息。在这种情况下，信息用户只是被动的信息接收者，用户与信息发送者之间的信息交流只是一种信息发送者主导的单向交流。但是，信息科学的基本任务应该是"使人类信息生产者和使用者之间的交流更加容易"（Talja，1997）。因此，离开用户研究和用户需求分析来讨论信息检索系统性能的改进是没有意义的。也就是说，如果没有相应的相关反馈（Relevance Feedback）技术和辅助机制来捕获、分析、挖掘和发现用户的信息需求，系统性能的优化是十分有限的。

与此同时，认知科学的迅速兴起和发展给信息检索带来新的生机，产生了基于认知观的信息检索。信息认知观的确立使信息工作者改变了过去狭隘的信息观，开始从信息本身的研究转向对信息用户的研究，基于这种改变，信息检索的研究也从"以系统为中心"的传统信息检索、"以用户为中心"的信息检索向"以用户认知为导向"的信息检索转变。认知科学认为，人类具有感知、认识外界的能力，认知行为是人从外界环境获取信息、加工信息，调整自己的行为来适应环境的过程。认知的观点阐述了信息如何影响和改变思维。Ingwersen（1992）认为，任何信息过程都使信息生产者和信息接收者的知识发生转变。Belkin（1990）认为，认知观点明确考虑了人类的知识状况及人们在接收和感知信息时发生的交互作用，他提出认知观点是引领信息科学理论和实践发展的理论框架。

20 世纪 70 年代是认知观形成阶段，即认知心理学应用于信息检索研究中的初始阶段。de Mey（1977）的认知观的概念实际上为认知观和认知信息检索设定了基本假设：信息检索过程存在用户与检索系统间的交互作用，信息的传递与接收过程都存在知识结构的变化，并以改善知识结构为目标。信息检索的实质是用户认知结构的改善。20 世纪 80 年代是认知观的发展成熟时期。众多学者进一步丰富和发展在形成阶段提出的认知观理论，取得了一大批有影响的研究成果。例如，Brookes（1980）在 Popper 的"世界 3"理论基础上提出了知识方程式，用户通过信息检索获取客观知识，改进其认知结构。Belkin（1980）在泰勒的四阶段需求理论和过滤器模型的基础上提出了知识非常态（Anomalous State of Knowledge，ASK）理论，即检索者的信息需求产生的原因是自身存在着知识非常态，但通常检索者不能准确描述这种状态。Belkin（1993）进一步基于 ASK 理论以及一系列的假设提出片段模型，片段模型的核心就是用户与信息的交互，用户在目标和任务驱动下产生信息需求，在交互过程中通过对获取的信息进行判断、修改和筛选等来解决当前的知识异常状态。20 世纪八九十年代，英国学者 Wilson（2000）以认知观原理为基础，提出了多个信息查找和检索行为模型。Wilson 在模型中指出中介变量、激发机制、信息查找行为的理论依据，对认知信息检索建模具有较好的解释作用。

20 世纪 90 年代进入社会认知观和整合认知理论（Integrated Cognitive Theory）阶段。认知观研究从个体信息行为转向社会整体信息传递过程。Hjørland 和 Albrechtsen（1995）引入领域分析方法并将其作为社会认知方法的基础。丹麦学者 Ingwersen（1992）通过深入分析个体认知结构和集体认知结构，探讨了信息检索认知模型。他指出，应该根据系统预先定义的用户模型，通过领域研究和认知分析析取并构建实际用户模型。Ingwersen（1996）进一步提出了一个多元表示模型。该模型借鉴了 Rijsbergen 的逻辑不确定理论，将用户、系统、中介机制和信息看作一个整体，从认知的角度出发，理解各种信息检索现象和概念。Ingwersen 和 Järvelin（2005）对传统认知观进行修正，提出整体认知理论（Holistic Cognitive Theory）的概念。Ingwersen 和 Järvelin（2007）进一步提出将认知信息检索与系统导向信息检索进行融合的整合认知理论，为基于认知理论的信息检索系统研究提供了理论依据。

为满足用户认知需求，促进用户认知改善，认知信息检索将交互和反馈作为信息检索过程的核心环节。Swanson（1988）认为信息检索是一种实验性的动态修正过程，用户提交给信息检索系统的信息需求描述只是对原始问题的猜测性描述，这种描述会随着系统通过反馈使用户对原始问题的认知程度加深而得到相应的修正。Spink 等（1998）证实了检索系统反馈给用户的信息能够影响用户对信息需求的认识，并改变用户对原始问题的定义。马海群和杨志和（2011）基于身心语言程式（Neuro-Linguistic Programming，NLP）理论，从身心、语言和程式三个核心维度出发，构建了信息检索用户的需求认知、表达与交互模式。田田（2006）、高海慧（2014）、Yuan 和 Belkin（2014）分别设计了基于对话的智能人机交互方式，以便更好地了解用户的知识状态。但由于人类语言本身的高度模糊性，基于对话的交互设计方案仍然欠缺自然性和高效性。

虽然认知观的引入使信息检索得到了新的发展，关注系统与用户在认知层面上的交互，从用户认知的角度重新审视信息检索服务，这有助于信息交互规律的归纳和应用。但目前有关网络信息搜索认知模型的研究仍处于建构阶段，基于认知的用户研究很少被应用到系统设计和评价中，未来还需要与系统主导的信息检索模型进行融合，才有可能将认知信息搜索模型应用到现实生活中，优化信息检索系统的服务功能。

可以看出，系统视角的信息检索与用户认知视角的信息检索研究有融合的趋势，而融合的焦点是基于知识的信息检索。基于知识的信息检索既可以将传统基于关键词的检索上升到语义检索的高度，也可以帮助用户更好地认知信息空间，并细化信息需求。知识地图的理论与技术为信息检索语义化进程提供了新的机遇和挑战。知识地图作为一种知识导航系统，利用可视化技术显示信息空间隐含的各种知识及相互关系，能帮助用户方便快捷地找到所需知识，它正在成为网络时代知识管理领域的研究热点之一。知识地图在知识组织和可视化方面展现的独特优势，使其成为高效利用和深度挖掘网络信息资源的最具潜力的技术。然而，知识地图与信息检索相结合的研究才刚刚开始，在语义关联和知识导航方面的独特优势还未能在信息检索领域发挥出来（Mutschkc et al.，2017），仍需要深入研究来构建灵活的用户界面和探索式挖掘环境，促进用户与系统的认知交互，提供个性化服务。

本书在借鉴和吸收已有相关研究成果的基础上，从知识理解和认知科学角度出发，以认知建构理论为指导，提出促进用户认知建构的交互式信息检索模型，利用知识地图来组织和呈现信息空间的知识脉络，通过人机交互推进启发式知识查询，以便更准确地理解用户意图，实现个性化检索，更好地满足用户信息需求多样化、个性化和知识化的需要。

1.2　研 究 意 义

本书的理论价值和现实意义可归纳为以下两个方面。

理论意义：传统物理信息检索系统忽视用户的认知心理、缺乏与用户的深入交互等缺陷为认知信息检索的发展提供了机遇。认知信息检索以认知心理学为依托，关注用户的行为意图、知识结构、检索交互等，具有更为成熟和丰富的理论基础。本书提出的认知建构视角下的交互式信息检索模型，以建构主义理论为指导，集成系统导向与认知导向的信息检索研究范式，不仅拓展了信息检索的研究视野和可行路径，并且进一步丰富了信息检索的理论体系。知识地图与信息检索的融合为知识发现、知识组织、知识导航、知识建构提供了新的理论支撑和解决方案。

实践意义：信息时代，获取信息的能力是创新的基础。网络信息检索技术的发展现状还无法满足人们快捷高效获取网络信息的要求。基于用户认知的交互式信息检索系统通过与用户交互的方式定制个性化的知识地图，帮助用户快速地定位信息，并概念化、语义化、形式化地呈现和揭示知识结构与关联，提高用户知识获取和利用的效率，直接支持用户的知识获取和间接启发用户的知识创新。

1.3　主要研究内容

本书针对传统系统导向信息检索的不足，以认知科学与知识地图为理论基础，探索促进用户认知的交互式信息检索模型的设计与实现，通过可调整的个性化知识地图实现用户与系统的认知交互，帮助用户感知和理解信息空间知识结构并加速对隐含真实信息需求的认知，变传统的被动知识查找为积极知识探索，并最终提高用户的信息获取效率和信息接受度。主要包括以下几方面的研究内容。

1）用户信息检索过程的认知行为与需求调查分析

目前，已有很多文献指出信息检索系统的设计应站在用户而不是观察者的立场，应注重对用户认知的研究，关注用户在信息检索中的交互行为。然而，目前用户研究的结果很少被应用到信息检索系统的设计中，面向用户的研究和面向系统的设计之间还存在鸿沟。以此为出发点，采用实验方法，研究用户在信息搜索过程（启动、选择、探索、焦点形成、收集和展示）不同阶段的认知负荷变化以及影响用户信息检索的因素。通过实验研究明确认知信息检索的现实需求，细化用户与系统交互方案，为进一步研究指明方向。

2）基于认知建构的交互式信息检索模型研究

通过对建构主义理论、认知结构相关理论以及信息检索情境下的意义建构理论进行剖析与解读，将建构主义思想运用于信息检索情境下，充分分析用户作为意义建构主体，在信息检索情境下的认知建构机理，从根源上对信息检索的认知本质进行探讨，从而寻求解决信息检索过程中用户认知困惑的交互途径。本书提出一个以动态、交互、可适应性知识地图为核心的信息检索系统模型，强化用户与系统之间的双向认知。一方面加强系统对用户需求的潜在刺激和引导；另一方面促进用户对信息空间的理解以及认知结构的构建。

3）基于知识地图的个性化信息检索系统研究

该项研究围绕两个关键技术问题展开。一是如何挖掘文献集中隐含的知识概念及其关联以构建可交互的知识地图。二是如何构建精准的用户模型以实现个性化的检索。针对第一个问题，利用形式概念分析的理论和方法，实现对信息资源隐含概念及其关联的挖掘和可视化，形式化地揭示信息空间隐含的知识结构，帮助用户分析信息和发现知识。针对第二个问题，研究基于人机交互行为和显性结果反馈的用户模型，精准识别用户的真实需求，提供个性化的搜索结果。实验证明，这种基于知识地图的个性化信息检索系统能够帮助用户快速聚焦所需信息，向用户提供符合其个性化需求的搜索结果，提升用户信息获取的效率和体验。

4）探索式搜索的知识建构模型研究

目前，对于用户在信息搜索过程中知识结构的创建和更新过程、用户认知过程和相关机制的研究还比较缺乏，本书使用扎根理论方法来发现用户知识建构的隐藏概念模型。收集用户口头报告和访谈数据，进行开放编码、主轴编码和选择编码，识别出不充分的知识状态、知识节点、知识社区、知识网络、充分的知识状态几个核心范畴，借助典范模型，构建出探索式搜索的知识建构理论模型。

5）探索式搜索情境下用户认知结构量化评估

为量化评估用户的认知/学习效果，本书以现有的认知结构评估方法为基础，将认知结构的定量评估引入探索式搜索的情境下，提出探索式搜索中认知结构的量化评估指标，包括概念节点的丰富性、专业性、有效性以及概念关系的联系性、层次性和探索性六个量化指标，并依据相关理论为其赋予不同的权重；以武汉大学本科生为实证研究对象，设计实验对该量化体系进行验证和评估。

1.4 研究方法

本书在研究和写作过程中主要用到了文献调研法、多学科交叉法、形式概念分析法、应用实证研究法和出声思考法。

（1）文献调研法：广泛搜集国内外相关文献资料，把握国内外在交互式信息检索、信息检索可视化、知识地图等领域的前沿动态，修正和完善本书的研究思路与内容。

（2）多学科交叉法：基于个性化知识地图的交互式信息检索系统研究是一个跨学科、跨领域的前沿课题。本书将综合使用知识管理、认知科学、语义学、知识组织、人工智能、数据挖掘和可视化技术等领域的理论和方法并将其融入交互式信息检索研究中。

（3）形式概念分析法：利用形式概念分析和概念格理论创建信息资源集合的形式背景，挖掘和呈现信息资源的知识结构，并更深层次地揭示知识间的内在关系，提升知识组织质量，更好地满足用户认知需求。

（4）应用实证研究法：在相关理论研究的基础上，基于特定数据集的真实数据对所提出的个性化知识地图以及交互检索方法进行实验、分析、评价和优化。在实证的基础上，设计和开发基于个性化知识地图的交互式信息检索原型系统。

（5）出声思考法：在信息检索行为与需求调查实验中，采用出声思考法来研究用户检索行为的认知过程。将用户在检索过程中的行为和思考用口头语言表达出来，并通过 Morae 软件将这些记录下来，转写为文字材料，再进行进一步的定性分析。出声思考法能更直接地了解用户伴随着行为的思维过程，有利于分析用户的认知因素与行为动机，对用户的检索活动进行深层的描述与解释，是定量行为研究的必要补充。

第 2 章　交互式信息检索研究进展

为了解最近 20 年来交互式信息检索领域的研究进展，笔者采用文献调研方法，时间跨度为 2000～2019 年，英文文献数据源自 Web of Science、Emerald、Elsevier 数据库，确定主题检索式为 TS =（interacti* NEAR information retrieval）OR（interacti* NEAR information search*）OR（interacti* NEAR information seek*），对检索结果进行去重并剔除无关结果后，共得到全文文献 535 篇。中文文献数据源自中国知网（China National Knowledge Infrastructure，CNKI）和万方数据库，以“交互式信息检索”为主题词进行检索，共检索出 36 篇相关文献。经过深入研读重要文献与主题分析，笔者发现最近 20 年来该领域主要涉及交互式信息检索环境下用户的信息行为研究、支持用户与系统进行交互的方法及技术研究、交互式信息检索系统的开发与评价研究等三个方面，以下分别展开论述。

2.1　交互式信息检索环境下用户的信息行为

信息搜寻与信息检索行为是人们的信息行为的基本成分，国外研究者围绕交互式信息检索环境下用户的信息检索行为开展了大量研究，主要包括用户的信息需求、面临的信息检索任务、认知研究、采用的信息检索策略、交互模型、活动理论视角下的交互式信息检索行为等。

2.1.1　信息需求

用户的信息行为是由信息需求驱动的，信息需求普遍被认为是信息查询与检索行为的起点，因而得到人们的重视。理想的信息检索系统应尽可能地识别用户的信息需求，才能真正提供给用户所需要的信息。Spink 等（2006）通过研究 Web 搜索中的多任务问题，发现用户的检索存在多主题现象，且主题变化宽泛，其研究证实用户在明确信息需求方面需要帮助。而 Borlund 和 Dreier（2014）在自然场景设置下招募用户进行实验，观测到用户有三类不同类型的信息需求，分别是确认型的信息需求（Verificative Information Need，VIN）、主题明确的信息需求（Conscious Topical Information Need，CTIN）、主题不明确的信息需求（Muddled Topical Information Need，MTIN）。这三类不同类型的信息需求下的检索行为特征有所不同。在帮助用户明确信息需求方面，研究者提出了不同的解决方案：针对领域新用户需求不明确的问题，Robins（2000）指出系统应建立多层次的查询式辅助用户检索，此后 Cole 等（2003）从不同的角度进行了研究，着眼于泰勒需求层次模型中 Q1（内在的需求）与 Q2（意识到的需求）间的差距，提出交互式信息检索系统应建立不同层次粒度的主题的查询式来帮助用户；Cleverley 和 Burnett（2015）针对具有专业背景领域的信息检索用户，提出了一种适用于分面检索的数据驱动的 BRIDGES（Broad，Rich，Intriguing，Descriptive，General，Expert and Situational）信息需求模型，并通过实证研究证实了该模型能帮助专业人员更有效地满足其信息需求；此外，多个研究结果表明：训练有素的中介，即信息咨询人员，能有效地帮助用户明确其需求（Robins，2000；Wu and Liu，2011；Lin et al.，2008）。

2.1.2 信息检索任务

信息检索任务是交互式信息检索研究中至关重要的一环，同时也是用户信息搜寻行为的重要变量之一。虽然信息检索任务在交互式信息检索研究中被广泛使用，但是对于信息检索任务的诸多属性（如任务类型、任务结构、任务目标等）并没有清晰且一致的定义。Wildemuth 等（2014）通过对 Repository of Assigned Search Tasks（RePAST）中的 106 篇相关论文进行归纳总结，辨析了信息检索任务的最常使用的两个属性——任务复杂性和任务困难度，并定义了任务复杂性的三个维度，即子任务的多样性/数目、面的多样性/数目、不确定性；以及任务困难度的四个维度，即检索者能力、任务描述中检索词与目标页中检索词的匹配程度、检索集合中相关文档数量的不足、检索者对困难的感知。孙丽和曹锦丹（2014）构建了信息搜寻行为中任务的框架。任务内部的基本特征包括目标特征、路径特征和结果特征；任务外部特征重点强调任务执行者特征中已有知识及认知需求的影响。

另外，Inthiran 等（2015）、White 等（2006a）、Tang 等（2013）的研究成果表明信息检索任务的难度水平、任务复杂度、用户对任务主题的熟悉度都会不同程度地影响用户的信息搜寻行为，而且目前的信息检索系统并不能很好地为用户完成检索任务提供支持。Inthiran 等（2015）通过对医药学领域的用户进行研究发现，面对困难任务时，用户更倾向使用长查询式并积极地定位结果；Tang 等（2013）发现对于不熟悉的任务，用户更有可能改变他们的查询式，此时有一定的相关词提示能更好地提升用户感知的有用性。在系统对完成检索任务的支持方面，Toms 等（2013）将检索任务置于一个更宽泛的检索情境中来观察用户使用检索系统的行为，发现用户通常只浏览第一页的检索结果，在任务情景中，检索时间只占总完成时间的 1/3，而 2/3 的时间都用于重新访问已检索到的资料，表明在如何帮助用户从检索到的文档中提取有用信息方面的系统支持更值得研究；Papadakos 等（2012）指出，在用户生活中，探索式检索任务占很大比重，但当前的搜索引擎适合于聚焦搜索，对探索式检索任务不能很好地支持，Papadakos 等（2012）提出利用静态和动态的源数据挖掘来支持探索式检索任务。

2.1.3 认知研究

20 世纪，一些著名学者都强调了信息检索交互中认知的重要性，并从不同的角度进行了认知模型研究。Dervin 的意义建构理论一般被认为是认知模型研究的重要起点之一，她借助一个由情境、认知缺口、帮助和结果构成的模型直观地描述了认知行动者借助信息与意义建构行为弥合认知缺口的过程。Belkin 的 ASK 理论则首次尝试以结构化的形式，即概念图表达认知模型并将它用于信息检索实践。Kuhlthau（1991）的信息搜寻过程（Information Search Process，ISP）模型整合了信息搜寻过程六个不同阶段的认知特征，Vakkari（2001）进一步完善了 Kuhlthau 的 ISP 理论，使用心理模型（Mental Model）作为辅助概念，心理模型是认知结构（Cognitive Structure）的同义词，它包含一系列概念及概念间的联系，且增添了 ISP 模型中所没有的变量：信息类型、相关判断、检索策略、检索词和运算符。Spink 等（2002）研究了信息搜寻过程中的许多不同方面，其中包括认知和情感状态变化的研究，其研究发现，不同的用户在主题的工作阶段、对问题的熟悉程度、检索的完成度和结果的满意度方面有不同程度的变化。Ingwersen 和 Järvelin（2005）提出整体认知理论，随后，Ingwersen 和 Järvelin（2007）又对其进行修正，提出整合认知理论，该理论是一个交互式信息搜寻、检索行为过程的认知框架，是面向认知的信息检索与面向系统的信息检索的整合。

除了认知模型研究之外，还有学者对信息检索交互过程中的认知转移和认知负荷变化进行了研究。认知转变的现象是用户与信息检索系统交互的一个重要方面，该现象表明用户与系统的交互是有效的。Spink 和 Dee（2007）发现用户与系统的交互过程中所有的参与者都表现出了某些水平的认知转移。而 Gwizdka（2010a）、李建华等（2012）的研究表明，在信息搜索过程的不同阶段，用户的认知负荷是变化的，相对于查看检索结果列表阶段和查看结果文档具体内容阶段，用户在查询式构建阶段和标注相关文档阶段的认知负荷有显著的增加。

2.1.4 信息检索策略

传统的信息检索研究过于强调检索结果的质量，而交互式信息检索更多的是强调信息检索的过程，用户通过与系统进行多次交互来满足其信息需求，在这一过程中用户选择和使用的检索策略对用户的检索行为有很大影响。

信息检索过程通常是一个复杂的、循环的过程，用户为最终实现其信息需求会做出一系列检索决策。Xie（2000）通过对用户交互数据的定性和定量分析，对用户目标的微观层面——“交互意图”和在信息搜寻片段中用户参与的信息检索策略的转化进行深入的调查。确定了四种类型的交互意图的转化和三种类型的信息检索策略的转化。Vakkari 等（2003）研究了学生在自然设置下完成论文所进行的检索过程中问题状态的变化与检索词和检索策略的变化，并且证实了领域知识对检索有影响，研究发现，用户对其检索的任务焦点越明晰，所使用的检索词、运算符和策略越多。Xie 和 Joo（2010）研究了 Web 检索过程中检索策略的转变模式，研究发现，用户的努力、对信息检索系统的信任度、用户偏好、用户检索经验、用户知识水平和系统设计的局限等会影响用户使用检索策略的频率，其中访问策略和评价策略使用最频繁。同时，该研究在实证基础上发现了在一个检索会话的开始、中间、结束阶段最常见的检索策略转变模式。Lin 和 Xie（2013）侧重于一个连续检索的特定类型，即转化连续检索，通过实验方法观察不同会话中，检索者的行为特征是否在统计上显著地发生了改变，以及如何改变。在信息检索期间，检索者了解并逐渐完善自己的信息问题。结果表明，检索者的行为特征在不同的会话中确实表现出不同的模式。行为特征的识别可以帮助信息检索系统检测会话的阶段。袁红和张海潮（2016）采用顺序分析与聚类分析算法对用户检索日志中的检索时间进行分析，识别用户利用搜索引擎时普遍采用的检索策略，包括“快速消费”策略、“试探”策略、“探索”策略和“终止与确认”策略。

检索策略的研究对指导交互式信息检索系统的设计具有重要意义，检索策略的研究结果可从以下几方面来指导信息检索系统的设计：①如何有效支持用户采用的不同类型的检索策略；②如何有效支持最常发生的策略转移模式；③如何有效支持信息检索过程中不同阶段的策略转移。

2.1.5 交互模型

交互式信息检索模型考虑信息检索的交互、认知、情感和情境等方面，并且聚焦于用户和信息检索系统或信息对象间的交互。20 世纪 90 年代，国外学者产生了大量研究成果，其中，Ingwersen 和 Järvelin（2005）的认知模型、Belkin 等（2001）的文本交互片段模型、Saracevic（1995）的分层交互模型是被引用最多的模型。这些模型强调了用户与系统在需求、认知、情境等不同方面的交互。

近十几年来，国外学者在前人的基础上继续研究，也有了一些新进展。Vakkari（2001）在 Kuhlthau 的 ISP 理论基础上，使用心理模型作为辅助概念，提出了基于任务的信息检索进程理论，该模型认为任务不同阶段和心理模型导致了信息检索的特异性（检索策略的运用、相关评价、获得并使用的文档等）。Erdelez（2004）对可控环境下用户信息检索任务中的信息偶遇现象进行了研究，并提出了信息偶遇发生过程模型，该模型共由 5 个功能要素构成，分别为注意、停驻、检验、摘取和返回。Xie（2007）开发了用于阐释决定信息检索策略及其转变的计划-情境模型。计划-情境模型强调了用户的目标/任务（长期目标、主要检索目标/工作任务、当前检索目标/检索任务及交互意图）和对它们的描述，确定了信息检索策略的维度，包括 12 种交互意图及 11 种检索策略；说明了用户如何转变他们当前的检索目标（机会型转变和替代型转变）、交互意图（计划型、机会型、帮助型、替代型转变）以及检索策略（方法、实体、属性、方法-实体转变）。更重要的是，该模型还确定了影响当前检索目标、交互意图、检索策略转变的计划和环境方面的因素。Du 和 Spink（2011）基于扎根理论，对 Web 检索中用户面临的多任务问题及表现出的信息行为进行深入分析与研究，提出了集成多任务、认知协作、认知转移的信息检索模型。该模型描述了多任务行为的特征、认知转换的类型、认知协作的水平，以及它们在网络检索中的关系。显式任务层的协作与多任务相关，隐式认知层的协作与任务协作过程相关。协作机制直接导致了认知状态改变，认知状态的改变影响用户在信息理解和知识贡献方面整体的转变。

这些模型描述了交互式信息检索的具体过程或问题，将影响用户与信息检索系统交互的因素和具体信息检索策略以及行为联系起来，为具有复杂性和动态性的交互式信息检索过程开拓了有意义的研究视角。

2.1.6　活动理论视角下的交互式信息检索行为

活动理论起源于 Kant 与 Hegel 的古典哲学，随后 Rubinshtein、Vygotsky、Leont'ev、Engeström 对活动理论进行了逐步的完善。其代表人物 Vygotsky 提出主体（Subject）、客体（Object）和中介（Mediating Artifacts）是构成活动的三个核心成分，用户的信息行为也是一种活动，活动理论可以为信息行为的研究提供更加系统全面的视角和全新的观点。考虑到信息检索行为的复杂性，我们迫切需要在以用户为中心的研究中，建立一个统一的理论框架，使以后的研究能够基于这一框架对用户信息检索行为进行研究。活动理论作为研究不同形式的人类活动的哲学框架，作为关注行动者及其文化工具的一个中介行动的理论，无疑对网络信息检索行为的研究提供了一个富有前景的研究框架。活动理论很早就已经被提出作为研究人类信息检索行为的理论指导，但是没有系统应用活动理论来整体分析交互式信息检索行为。Xu（2007）率先基于活动理论的视角对交互式信息检索中用户行为的动态性和交互性进行了深入探索，建立了活动理论视角下交互式信息检索行为的框架，试图厘清在用户-系统交互过程中，用户的认知活动和用户与系统的交互行为的形成机制，并通过用户研究验证了该框架的可行性。采用活动理论可以为研究交互式信息检索提供一个新的研究视角，可以全面地了解和掌握用户交互式信息检索行为的内在机理。进而，通过进一步实证研究找出影响交互式信息检索的关键因素，可为设计交互式检索系统提供可行的建议。

2.1.7 小结

表 2-1 分别从研究类型、研究重点、研究问题、研究意义四个方面总结了交互式信息检索环境下用户的信息行为研究。

表 2-1　交互式信息检索环境下用户的信息行为研究小结

研究类型	研究重点	研究问题	研究意义
信息需求	辅助用户明确并满足其信息需求	用户是否需要帮助其明确信息需求？ 不同类型的用户的信息需求确定是否不同？ 如何帮助用户明确其信息需求？	理解用户信息需求，明确问题； 找出系统如何设计或者拥有什么特征能够更好地帮助用户明确信息需求； 设计更有效辅助用户的模型或者系统
信息检索任务	检索过程和检索行为的任务属性定义及影响	如何定义和辨析任务的属性？ 影响用户信息搜索的任务属性是什么？	认识到用户检索过程中任务的影响因素； 有针对性地设计系统功能，辅助用户更有效地完成信息检索任务
认知研究	信息检索认知模型； 交互过程中认知变化、认知转移、认知负荷变化	信息检索过程中的认知特征是怎样的？如何描述？ 交互过程中的认知状态是否有变化？有哪些影响因素？如何变化？	认识到交互过程中的用户认知特征与影响因素； 理解用户与系统交互过程中的认知状态变化； 针对认知方面提高系统界面的友好性
信息检索策略	信息检索策略的转换；影响信息检索策略的因素	信息检索策略转换的模式是怎样的？ 信息检索策略的影响因素有哪些？	理解用户与系统进行交互的模式； 设计能够有效支持交互过程中检索策略及其转换的系统
交互模型	用户与系统交互过程中最重要的问题	任务如何影响信息搜寻和检索行为？ 信息偶遇是怎样发生的？ 问题情境如何驱动信息检索？	认识信息检索的特性； 理解交互式信息检索的本质和关键点； 设计能够帮助用户与系统进行有效交互的机制
活动理论视角下的交互式信息检索行为	统一的理论框架	如何应用活动理论分析交互式信息检索行为？	系统深入地理解用户信息行为

2.2 交互式信息检索中支持交互的方法与技术

用户和信息检索系统之间存在着巨大的鸿沟，这一鸿沟为用户的信息检索过程带来诸多障碍，具体而言，包括四个方面的障碍：①用户信息需求和查询式构建的不确定性；②文档表示的模糊性；③匹配具有不确定性的查询式与模糊的文档表示所遇到的障碍；④当检索结束后，检索结果呈现所遇到的障碍。García 和 Sicilia（2003）指出文档表示的模糊性以及查询式与文档表示的匹配是传统面向系统的信息检索一直孜孜不倦努力解决的问题。交互式信息检索更侧重于交互，用户需要与信息检索系统进行交互，以使系统了解其信息需求并返回相应结果。

Rieh 和 Xie（2006）指出，不管一个复杂的信息检索系统在用户端和系统端包含多少元素，用户和系统只在表面层通过查询式和展示的结果进行交互。Oard 等（2004）也认为：交互式检索的一个最显著的特征就是让用户参与控制，体现在提出查询式和选择文档两方面。交互的两个关键点是查询式重构和文档选择。

因而支持用户与系统交互的方法与技术主要分为两大部分：①支持查询式构建与重构的方法和技术；②支持结果展示/文档选择的方法与技术。也就是说，支持用户对系统的输入和系统根据用户查询式进行的输出的方法与技术，这两者的改善都可以增强用户与系统的交互，进而改善检索效果与用户体验。支持查询式构建与重构的方法和技术包括相关反馈、查询式扩展、自动化协助、查询修改建议；支持结果展示/文档选择的方法与技术包括结果聚类、标签云技术等。

2.2.1　支持查询式构建与重构的方法和技术

用户的信息检索通常从一个检索界面和一个查询式开始，检索界面需要用户提供一个描述自己信息需求的且能被底层的检索引擎所理解的查询式。而对于终端用户而言，构建查询式等同于自身信息需求的阐明，用户需要将其未明确的信息需求转化为正式的语句，并进一步将语句转换成一个包含检索词和运算符的查询式。Belkin 等（2001）的查询式构建被视为用户在交互式信息检索过程中面临的最困难的任务之一。一般而言，用户初始构建的查询式实验性的成分较多，返回结果后，用户经常手动或使用信息检索系统的帮助来调整自己的初始查询式，进行查询式重构。查询式重构的过程是信息需求逐渐明确的过程。交互式信息检索系统可以在多种层面上帮助检索用户构建好的检索式，通常利用相关反馈、查询式扩展、查询修改建议等帮助用户进行查询式重构。

1. 相关反馈

Salton 和 Buckley（1990）将相关反馈定义为通过反馈的迭代过程来自动提高系统表示检索者信息需求的能力，使得信息检索系统返回更加精准的检索结果，满足人们对信息检索质量越来越高的要求。相关反馈可以分为显式相关反馈和隐式相关反馈。显式相关反馈依赖于用户提供的显式相关性评价，例如，Dmitriev

等（2006）提出的显式标记相关文档，这意味着用户可能不愿意或者不能够直接提供相关性信息；Morita 和 Shinoda（1994）提出的隐式相关反馈中，信息检索系统无干扰地监控检索行为，不需要用户显式地表明哪个文档是相关的。隐式相关反馈技术使用隐式相关指标，从检索者与系统的交互过程中无干扰地收集信息，从而进行原始查询式的更改。Kim 等（2000）还指出隐式反馈相关指标包括查看一个文档花费的时间（时间越多越相关）等。虽然隐式相关反馈没有显式反馈那么精确，但 White 等（2002）的研究表明，在交互式信息检索环境中，隐式相关反馈可以成为显式反馈的一个有效的替代；且由于隐式反馈需要投入的努力较少，用户更愿意使用隐式反馈。在进一步研究中，采用检索者与多种基于查询的文档表示的交互和访问路径的距离作为隐式相关反馈的指标，利用这些指标代表用户的信息需求，采用二分投票模型支持查询修改。结果表明，当用户的信息需求定义不明确并且多变时，隐式反馈系统选择的检索词可能更有用。Nauer 和 Toussaint（2009）设计的 CreChainDo 系统，将隐式相关反馈与形式概念分析结合起来，用户与系统反复地进行交互来评价一个概念相关与否，将用户的反馈与用于构建概念格的情境更改相联系。

20 世纪末，Belkin 等（2001）做了关于查询式重构的一系列研究工作，比较了只使用正相关反馈的相关词提示和同时使用正相关反馈与负相关反馈的相关词提示的效果及可用性，发现同时使用正负相关反馈的相关词提示的系统界面具有更好的可用性。Tang 等（2013）设计了一种基于医学主题词表（Medical Subject Headings，MeSH）和原始查询式共现来提供相关词提示的生物医学数据库 Public Medline（PubMed）检索界面，并通过招募用户进行了与 PubMed 基准界面的对比评价研究，结果表明：当执行不熟悉的检索任务时，实验设计的界面相对来说更有效，用户满意度更高。这表明了相关词提示的重要性。

传统的相关反馈模型将整篇文档作为信息单元，且假设用户基于整篇文档作出相关性判断。但实际上用户很可能是基于文档的某些部分而不是整体确定相关性，即信息单元并不一定是整篇文档，可能是由任意边界来确定的。Yang 等（2001）设计了一个基于段落反馈的交互式信息检索系统（Information Retrieval Interactive System，IRIS），段落反馈使用基于正负反馈的加权查询扩展，用户可以选择与文档相关或者不相关的部分来更改反馈查询变量。White 等（2006b）进一步针对隐式相关反馈进行研究，采取了多种基于查询的文档表示，在这些文档表示中，除了标题和全文档，其余的文档表示均采用了基于句子的文档表示，由于基于句子的文档表示使得检索者可对信息是否相关做出快速的评价，其比基于段落的文档表示更受用户喜爱。

2. 查询式扩展

查询式扩展是在交互式信息检索中广泛使用的技术。Vechtomova（2005）的研究表明，在搜索过程中，用户更倾向构建简洁的查询式，这常常导致信息检索系统返回较差的检索结果，用户可以通过浏览结果列表中的文档，发现更多的检索词和短语，从而进一步手工重构查询式。

查询式扩展可以分为自动化查询式扩展（Automatic Query Expansion，AQE）和交互式查询式扩展（Interactive Query Expansion，IQE）。在自动化查询式扩展中，由系统向原始查询式中增加词或者短语；在交互式查询式扩展中，用户基于自己的相关性判断，手动选择词或者短语，潜在优势在于用户可以积极地干预查询式重构过程，更好地体现其信息需求，而不是将反馈查询式扩展的任务完全留给系统。用于查询式扩展的词或者短语可以使用统计或语言方法从多种来源中检索出来，最常见的来源是检索集合中的 top-ranked 文档和用户判断相关的文档。短语在交互式查询式扩展中扮演了一个有用的角色，与单个词相比，短语通常包含更多信息内容，更加具体。Vechtomova（2005）的系统评价了不同类型的词和短语在大规模文本检索会议（Text Retrieval Conference，TREC）实验设置中的检索性能，研究表明使用短语排序文档比使用单个词排序文档有更好的性能。

3. 查询修改建议

查询修改建议也是常用的进行查询式重构的手段之一，产生良好的查询修改建议对交互式信息检索系统来说仍然是一个具有挑战性的问题。查询日志分析是这个方向的主要工作之一。Kruschwitz 等（2013）对不同的查询修改方法进行了系统的研究，要求用户评估潜在的查询修改建议的相关性，查询修改建议由一系列的日志分析方法和不同的基准方法构建。基于日志分析的方法包括非适应性方法和适应性方法，适应性方法包括蚁群优化算法、查询流程图、关联规则和最大似然估计方法，研究证明了日志分析提取查询修改建议的实用性。

另外，有研究者调查了查询式修改/重构模式，为信息检索系统查询修改建议的设计提供了有益的思路。Lau 和 Horvitz（1999）调查了 Web 上查询式重构模式，提出的查询修改类型包括继续、一般化、专业化、重写（包括增加介词、从缩略词改为全称、改变单词顺序、改变拼写或动词时态、单数变复数、复数变单数、改变语言）、请求。孙丽和曹锦丹（2016）调查了 101 个用户的 420 次查询重构行为，发现在不同任务类型下查询重构类型包括一般化、具体化和词语替换。Rieh 和 Xie（2006）采用网络日志分析方法，分析了 313 个搜索会话，得到查询式重构的三个面和九个子面，通过分析修改序列，识别出了八种不同的 Web 查询式重构模式：①具体化重构；②一般化重构；③平行重构；④积木式重构；⑤动态重构；⑥多任务重构；⑦周期性重构；⑧格式重构。其中，动态重构、多任务重构、周期性重构是新识别出来的查询式重构模式。该研究为查询式重构的复杂性提供了证据，表明在查询式重构的过程中交互的重要性。Choi（2013）调查了用户在网络上搜索图像执行的查询中的查询修改模式和语义属性。表明查询修改模式与内容来源显著相关。

上述帮助用户进行查询式构建与重构的方法和技术是相辅相成的，一个交互式信息检索系统可以同时采用多种技术，以便更好地帮助检索用户构建与重构检索式。实际上，虽然许多信息检索系统提供了高级协助功能，但很少有用户使用这些功能来改善搜索结果。鉴于此，研究者研发了自动化协助信息检索系统，自动化协助集相关反馈、查询式扩展、查询修改建议等于一体，在检索过程中采取更主动的角色，而不是消极等待检索者来获取协助，Jansen（2005）提出基于行动-对象对的方法实现自动化协助，系统通过监测用户的行动-对象对来提供相应的构建查询、拼写、查询式精炼、结果管理和相关反馈五个方面的协助，能够更有力地为用户提供查询式构建与重构的帮助。

2.2.2 支持结果展示/文档选择的方法与技术

交互式信息检索系统的界面结构是用户与系统进行交互的不可或缺的一环，Xie（2003）研究发现，用户满意的信息检索界面需包含四个要点：直观；与用户习惯使用的系统相似；有明确的界面，特别是明确的开始界面；允许用户自定义和个性化自己的界面。在用户和系统交互的过程中支持结果展示或文档选择的方法与技术可以从不同角度触及上述四个要点，从而提升用户对交互式信息检索系统界面的满意度。

1. 可视化技术

可视化技术可使得用户更直观地与系统对话，同时提高检索效率，包括聚类、标签云技术等（柏晗等，2015）。Harper 等（2004）提出了一种可以在文本中进行辅助阅读的可视化工具。Miotto 等（2013）基于信息过载问题提出了基于合格标签云的临床试验搜索（Eligibility Tag Cloud-based Clinical Trial Search，eTACTS），eTACTS 是一种新颖的使用共同合格标签的交互式检索框架，它可以动态过滤临床试验的搜索结果。研究表明 eTACTS 能够迅速将搜索结果从 1000 个减少到 10 个，同时突出在传统的搜索引擎中排名不靠前的实验，能比现有搜索引擎检索到更多合适的实验。而 Meina 和 Nguyen（2015）介绍了一种探索性的、基于聚类的信息检索的方法。其提出的方法允许用户通过应用一个自由文本聚类情景查询来改变聚类结构，由一个图形结构（称为查询汇总图）实现。这个数据结构在片段的相似性度量的定义以及片段的聚类算法中是非常有用的。实验表明所提出的解决方案可以作为交互式信息检索的一种替代方法。

总而言之，多样的可视化技术是为用户更加直观地发现最想要的信息所服务的，它可以帮助用户较为迅速地对有价值的文档进行定位或者对文档中有用的部分进行呈现。

2. 本体

本体作为领域知识的规范说明，能够帮助用户更好地理解领域知识，在交互式信息检索领域，本体被用于设计交互式信息检索界面，辅助用户进行查询式构建与重构。García 和 Sicilia（2003）描述了基于本体的查询式构建界面设计的初步经验和思考，设计了一个原型系统——OntoIR，尝试为新一代的基于形式化本体的信息检索界面提供出发点。Suomela 和 Kekäläinen（2006）将本体作为查询式构建工具，设计了基于概念的信息检索界面（Concept-based Information Retrieval Interface，CIRI）用于辅助查询式构建和重构，利用用户选择的本体概念形成查询式，但其进行的用户研究表明，该界面在广义查准率和查全率评分上并不优于基准界面。

3. 用户建模

最理想的情况下，通过对用户进行建模，预测用户个人兴趣，检索系统返回与用户个人信息需求最相关的结果，而不是仅仅返回与查询式主题相关的结果。也就是说，在这种情况下，信息检索系统可以实现个性化检索，针对同一个查询式，检索结果列表随用户不同而不同，满足不同用户的信息需求，而不是像当前的检索系统一样，对于所有用户，只要输入相同的查询式便返回相同的检索结果列表。如果想要达到这种理想情况，关键是对用户进行建模，使得信息检索系统能够知晓用户的个性化需求。对用户建模关键的一点是要模拟判断用户认为什么文档是相关的，一般有两种方法：一种是显性判断方法，即直接询问用户某搜索结果是否与其信息需求相关；另一种是隐性判断方法，包括基于行为和基于内容的方法，基于行为的方法经常使用点击（可通过点击日志得到数据）进行近似，基于内容的方法采用用户感兴趣的文本表示来推断哪些检索结果与其当前的信息需求相关。Teevan 等（2010）基于用户在先前看过的文档中词汇出现的频率来构建用户的兴趣模型。这种表示可以从一个桌面索引得到，也可以从一个桌面目录得到。用于相关性判定的系统对个人创建的、复制的或者浏览过的信息做了索引。这些信息包括个人浏览过的网页、邮件信息、日程表条目以及存放在客户机中的文档。

2.2.3　小结

表 2-2 分别从研究类型、研究重点、研究问题、研究意义四个方面总结了交互式信息检索中支持交互的方法与技术。

表 2-2　交互式信息检索中支持交互的方法与技术研究小结

方法与技术	研究类型	研究重点	研究问题	研究意义
支持查询式构建与重构的方法和技术	相关反馈	隐式相关反馈及其评价指标； 基于内容的相关反馈	如何在多个层面上帮助用户构建优质检索式？	识别信息资源结构； 理解用户重构查询式模式； 设计帮助用户组织信息、辅助交互决策的系统
	查询式扩展	自动化查询式扩展； 交互查询式扩展	如何辅助用户重构查询式？	
	查询修改建议	日志分析方法； 查询式修改模式	如何有效支持查询式修改？	
支持结果展示/文档选择的方法与技术	可视化技术	聚类、动态过滤	如何使得用户与系统的交互更直观？	识别文档或其主体结构间的关联； 帮助用户定位可满足其信息需求的信息
	本体	查询式构建	如何将本体用于设计交互式信息检索界面？	
	用户建模	个性化信息检索	如何表示用户当前的信息需求？如何判断是否相关？	

2.3　交互式信息检索评价

信息检索评价是信息检索研究领域中的一个重要方向，Saracevic（1995）区分了信息系统评价的六个层次：①工程技术层，与技术层面相关；②输入层，输入系统的内容，如文档集合的覆盖范围；③处理层，输入如何被处理，如索引和检索算法的性能；④输出层，系统和输出的交互，如评价搜索交互、反馈和输出；⑤用户层，在更广阔的信息搜寻行为情景中，系统对用户搜索任务的支持程度；⑥社交层，环境的影响，决策的影响，社交认知的相关性。传统的信息检索评价强调测量系统性能（①～③层），尤其是检索效率和有效性，传统信息检索评价虽然有效评价了系统性能，但是也有其局限性，其中，最关键的一点是，传统信息检索评价忽略了用户与系统的交互性；而交互式信息检索评价更注重从用户的视角评价系统性能（④～⑥层），并且将用户与系统的交互也一并考虑进去。

2.3.1　传统信息检索评价

Dunlop 等（1998）指出，信息检索系统的评价需要集中在两个层面：评估潜在的系统效能和帮助用户的能力。传统的信息检索评价方法采用的是以系统为导向的 Cranfield 模型，该模型基于测试集原则，测试集包括文档集合、查询式集合以及相关性评价集合，将文档的相关性作为评价的基本准则，将查全率和查准率作为主要评价方法。

然而，传统的基于 Cranfield 模型的信息检索评估体系不适合用于评价交互式信息检索，主要原因有以下几点：①信息搜索目标的多样性；②基于 Cranfield 模型的信息检索评估体系适合评价单个查询式是否成功，而不适合评价整个信息搜索片段；③忽略了搜索者动态的信息需求，将信息需求视作完全由查询式表达的静态概念；④该模型只使用二维的（相关/不相关）和主题导向的相关性，忽略了相关性是多维且动态的概念。

2.3.2　相关性研究

相关性作为评价中的一个重要概念，被认为是动态的、多维的、主观的概念，一直是信息检索领域经久不衰的话题。Saracevic（1996）定义了相关性的五种基本类型：①系统/算法相关性；②主题相关性；③认知相关性；④情景相关性；⑤动机和情感相关性。多年来，不同的研究者分别从相关性的概念、影响因素和模型框架等方面进行了研究。针对相关性的动态性产生的原因之一——用户在看相关文档前后的认知变化，鉴于顺序影响可能会造成相关性判断的系统偏差，Xu 和 Wang（2008）研究了相关性判断中的顺序影响，并提出了一系列顺序影响形成机制，包括子需求影响、学习影响、疏忽影响。

传统信息检索评价和交互式信息检索评价的一个关键区别就是对相关性的理解不同、判定不同。传统信息检索评价的相关性研究主要是面向系统的相关性，即客观相关性，包括算法相关性和主题相关性，面向系统的相关性评价主要评价文档表示和用户的查询式是否匹配；而交互式信息检索评价的相关性研究主要是面向用户的相关性，即主观相关性。

2.3.3　交互式信息检索评价方法

与传统信息检索不同，交互式信息检索评价的焦点包括用户与检索以及反馈机制进行交互的所有活动，以及检索结果本身。交互式信息检索系统评价的整体目标是考虑信息需求和相关性的动态性质，反映交互式信息搜寻和检索过程。Harman（2011）将信息检索评价描述为：根据一组标准的准则对某种东西的价值进行系统的测定。该描述对交互式信息检索评价也是适用的，暗示进行评价需要一种系统的方法（即交互式信息检索评价模型），需要合适的准则来评价搜索。

1. 交互式信息检索评价框架研究

2000 年至今，描述交互式信息检索评价框架的文章比较少，Borlund（2000）提出了评价交互式信息检索系统的实验组件，主要包括三个部分：①用户作为评价人员；②动态的和个人的信息需求的应用；③多维度和动态相关性评价的使用。在信息需求组件中，一个非常重要的子组件是模拟工作任务情景。模拟工作任务情景描述了信息需求，为受试者提供了更多的情景信息，并提出了需要解决的问题和搜索的内容。

Borlund（2003）进一步完善其工作，提出了交互式信息检索评价模型，该模型采用以用户为中心的评价方法，将信息检索系统定义得更加广泛。该模型为交互式信息检索数据的收集和分析提供了一个框架。该模型有双重目标：①便于交互式信息检索系统尽可能参照用户从认知角度出发的检索评价；②计算交互式信息检索系统性能时，将考虑相关性评估的非二维性质。该框架分为三部分：实验设置的基本组件，应用模拟工作任务情景的建议，以及替代评价性能方法。其中，模拟工作任务情景被后期的研究人员广泛地应用于实验设置。在这之后，Ingwersen 和 Järvelin（2005）讨论了交互式信息检索的进展并且提出了一个评价设计框架。Kelly（2009）对评价交互式信息检索系统的方法进行了综述，详细描述了交互式信息检索设计以及数据收集技术和方法。

2. 评价准则

早在 1966 年，Cleverdon 等（1966）便确定了六个评价交互式信息检索系统的评价准则：①覆盖范围；②时间延迟；③查全率；④查准率；⑤表示；⑥用户的努力。在传统信息检索评价中，查全率和查准率两个评价准则使用得最为广泛。然而，适用于传统信息检索评价的准则并不适用于交互式信息检索评价。为了更好地进行交互式信息检索评价，许多研究者在评价准则方面进行了诸多探索。Elbedweihy 等（2015）总结了以用户视角进行的信息检索评价准则及方法，该准则衡量用户目标实现程度和对结果的满意程度，具体量化方法包括有效性、可利用性、信息量、有用性、实用性、满意度，以及用户的检索成功率。

3. 数据收集方法

交互式信息检索评价实验的数据收集方法主要有事务日志法、出声思考法、调查问卷法等。事务日志法是将网络服务器上的事务日志作为观察记录用户检索行为的手段，捕捉他们在检索活动中所留下的痕迹数据，这样不仅对行为本身没有产生任何干扰，而且用户甚至并不知晓自己的行为将会被研究，能够对用户行为进行客观、量化的研究。但事务日志法却无法揭示行为发生的内在影响因素，如检索动机、情感认知特征等。出声思考法要求检索者在进行信息检索的同时阐明想法和每一步的决策制定。虽然该方法使得研究者了解检索者的想法和每一步的搜索动机，但是也强加给参与者额外的认知负担，将他们的注意力和资源转移到协调、翻译隐式思维为显性的口头语言的额外的认知活动。问卷调查是交互式信息检索实验中的重要组成部分。然而，人机交互的研究表明，受试者往往会在完成可用性问卷调查时，抬高对系统的评价。Kelly 等（2008）调查了问卷模式和受试者的反应之间的关系，研究涉及三种调查模式：笔纸模式、电子模式、采访模式。结果表明，在采访模式中，受试者对系统的定量评价要显著低于电子模式。关于开放性问题，受试者在采访模式中使用的词要显著多于笔纸模式或电子模式，但是每种模式包含的内容都是差不多的。研究发现，笔纸模式在受试者交流开放性问题时是最有效的。研究人员应该使用采访模式引出对封闭式问题的回答，使用笔纸模式或者电子模式引出受试者开放性问题的回答。

4. 交互式信息检索评价的其他方法

在交互式信息检索领域，研究者 Elbedweihy 等（2015）和 Zuccon 等（2013）广泛地采用基于实验室的用户研究对交互式信息检索系统进行评价，但这种评价方法有其局限性：①设置和进行实验的金钱成本与时间成本高。以用户为导向的评价，尽管非常有益，但是花费很高、极其复杂，并且很难重现。运行以用户为基础的研究开销很大，需要分配资源（时间、成本、精力）和招募受试者，也需要精心组织和调度，对研究产生的数据进行分析也是公认的非常耗时和劳动密集型的活动。②用户人群的异质性缺乏（一般是大学学生或研究人员）。③实验规模有限，参与人数少。Zuccon 等（2013）提出了采用众包平台的方法来进行交互式检索评价，该方法在一定程度上避免了上述基于实验室的用户研究的局限，但也有其局限性，主要表现在用户信息质量不高，信息检索任务单一等方面。

2.3.4　小结

表 2-3 总结了交互式信息检索的评价研究，对于一个交互式信息检索系统的设计而言，确立一个统一的评价标准是非常重要的，然而，目前的以用户为中心的评价标准虽然有着种种优点，但是却没有一个明确的统一标准，评价也很难复现。交互式信息检索系统的评价依然需要进一步的研究完善。

表 2-3　交互式信息检索评价研究小结

研究类型	研究重点	研究问题	研究意义
传统信息检索评价	系统评价基本准则、主要评价方法	如何评价系统性能？ 评价检索算法性能的标准是什么？	识别传统评价体系不适用于交互式信息检索系统评价
相关性研究	相关性概念、影响因素、模型框架、传统信息检索与交互式信息检索相关性之间的区别	什么是相关性？ 影响相关性的因素都有哪些？ 交互式信息检索评价的相关性是怎样的？	识别交互式信息检索评价相关性的不同

续表

研究类型	研究重点	研究问题	研究意义
交互式信息检索评价	面向用户的评价框架、评价准则、数据收集方法	评价交互式信息检索的标准是什么？ 评价准则都有哪些？ 怎样收集及收集什么数据用于评价？	确定适用于评价交互式信息检索的标准及评价准则； 设计更有效的交互式信息检索系统

2.4　交互式信息检索研究的发展方向和展望

近年来，国外在交互式信息检索领域的研究呈现出多学科交叉、研究重心转移、研究范围广的特点：首先，交互式信息检索研究涉及计算机科学、心理学、行为学等；其次，交互式信息检索领域的研究重心从文档的表示、支持交互的技术渐渐转向关注信息检索系统中的用户；最后，交互式信息检索领域研究范围广，包括检索策略研究、用户行为研究、辅助用户检索的技术研究、信息检索评价研究等。

通过对交互式信息检索领域近年来的文献梳理，笔者发现，即使研究者已意识到了交互与用户的重要性并且从不同方面进行了一定程度的研究，但直至2008年，信息检索领域的主流方向依然不在面向用户的问题上，交互式信息检索虽是大势所趋，但却仍处于发展阶段，尚有极大的研究空间，未来的研究方向可能侧重以下几个方面。

（1）交互式信息检索过程中的用户认知。信息检索的本质是交互，用户在与系统以及信息对象的交互过程中完成大量的认知建模。目前，虽然有一些信息检索认知模型和认知负荷评价研究，但仍然不够深入，需要结合外在的认知行为与内在的认知表现，并探索融合多维度（如认知科学、认知心理学、认知语言学等）的理论研究。

（2）智能交互技术。交互式信息检索就是要将用户带入一种选择状态，以激发用户做出某种选择。目前的检索过程是用户被动地接收信息、加工信息，调整自己的行为以适应系统的过程，未来的交互技术将包括文本、图形、语音交互技术，将能够提供更加多样化的内容来支持和辅助用户更好地理解信息，并且提供更加自然的方式（如对话方式）来识别用户真实的信息需求，促进用户、系统、信息三方面的认知交互，给用户带来更好的信息检索体验。

（3）交互式信息检索系统评价将结合系统导向和用户导向的评价方法。对于交互式信息检索系统评价而言，仅仅聚焦于查准率、查全率和满意度是不够的。成功的交互式信息检索系统与用户息息相关，必须有用户的参与，将单次的使用以及长期的使用与复用一并考虑进来。为了推进当前的评价方法并且确保它们能够有效地支持下一代交互式信息检索系统的发展，一个最有前景的观点是将系统导向的评价方法和用户导向的评价方法融合起来。这两类理论方法都有其优点和缺点：系统导向的方法能够确保检索系统内在的有效性，但是忽略了会对交互式信息检索造成影响的用户和情景因素；而用户导向的方法虽然可以更好地近似实际的用户行为、影响和认知，但是对自变量的实验控制较少，并且用户导向的评价方法作为研究者广泛使用的评价方式，到目前为止，尚无可适用于各个信息检索系统的通用评价体系，研究者在评价交互式信息检索系统时采用不同的评价标准，既不便于重现，也不利于各个系统的比较。将系统导向和用户导向的评价方法结合起来，取此所长补彼之短，将有望构建比较有效的评价交互式信息检索系统的方法。

第 3 章　基于认知观的信息搜寻行为基础理论

“信息搜寻行为”这一概念自 20 世纪 60 年代中期被明确提出以来，就一直受到图情领域的重点关注，研究人员基于这一主题开展了大量研究。伴随着信息环境的变化、信息化程度的加深，信息用户突破了传统的作为信息接收者和获取者的角色而转变成为网络用户，其信息需求通过外显的信息搜寻等行为反映出来，呈现出多样化、多维化、社会化和综合化的特点，在这一背景下，从全新角度对用户信息搜寻行为进行解读具有重要意义。为此，研究人员 Fidzani（1998）、甘利人和高依旻（2005）特别针对用户信息搜寻行为动因、特征和规律等方面进行了广泛研究，与此同时，随着认知科学的发展，用户认知在整个搜寻过程中的重要性也逐渐凸显出来，研究人员开始关注用户的认知活动、心理变化和情感状态等。认知观的引入，为新环境下用户信息搜寻行为的心理与行为规律研究提供了有效的解决途径。

目前，国内外有关信息搜寻行为中用户认知的研究主要集中在理论模型和认知因素两方面。理论模型的研究一直以来是信息行为研究中最基础性的研究命题，Shoemaker 等（2003）指出它帮助我们总结知识、发展实际应用并指导研究。对信息搜寻行为的研究主要关注用户的个体差异及其影响效应，而认知因素是表征用户个体差异的关键心理因素，对认知因素的研究在很大程度上能加深我们对于用户识别、选择、获取和利用信息的特征、方式和行为的理解。鉴于此，本章集中解决以下两个问题：①总结基于认知观的信息搜寻行为的经典理论模型及其后续发展；②重点梳理并总结影响信息搜寻行为的不同认知因素。

3.1　基于认知观的信息搜寻理论模型

传统系统导向的信息搜寻模型简单地将信息搜寻行为看作由一系列的序列动作和操作构成，忽略了搜寻任务中的心理加工过程。随着认知科学的发展与渗透，对信息搜寻模型的研究逐渐由以系统为导向转化为以用户认知为导向，基于认知观的信息搜寻模型开始关注用户的认知心理活动以及认知所产生的社会情境的影响。

3.1.1　经典模型

Dervin（1998）提出的意义构建理论（Sense-Making Theory）开创了信息搜

寻个体认知的研究先河，她通过建立“特定情境—认知差异—信息使用”三阶段模式将重点放在用户在问题情境中通过建立沟通“桥梁”从而将“差距”填平的“意义构建”过程，该理论强调信息搜寻中的用户内部认知以及“意义构建”的沟通过程。Belkin（1980）提出了ASK模型，认为信息需求产生的原因是用户自身存在知识非常态，即用户的知识结构与其信息需求之间存在“鸿沟”，正因如此，用户无法准确查找到其所需要的信息，ASK模型展示了动态的用户需求模型框架，揭示了用户知识状态在检索过程中不断发生变化的本质。Dervin和Belkin的研究是认知信息搜寻行为的重要理论基础，推动了基于认知观的信息搜寻行为研究的发展。

随后，基于认知观的信息搜寻行为模型如雨后春笋般展现出来，Kuhlthau（1991）在综合并提炼已有理论的基础上提出了一个六阶段ISP模型，该模型将信息搜寻过程分为六个阶段：初始阶段、选择阶段、探索阶段、系统化阶段、集成阶段以及表述阶段。并且每一个阶段均融合了来自情感（感觉）、认知（思维）和实体（行动）三个领域的因素，它强调在与信息交互的过程中，用户认知的参与、意义建构的认知过程是精髓。ISP模型提供了一个丰富可信的开创性图景，也为研究者构造统一的信息搜寻认知模型提供了基本思路。

研究认知信息搜寻必须考虑到用户的信息行为，信息行为是用户认知心理的外在体现。自20世纪80年代以来，英国学者Wilson基于认知观原理提出了多个信息行为模型。其中， Wilson（1997）提出的信息行为模型比较典型，其核心思想是：认知交互信息搜寻总是处在信息搜寻过程的情境中，这一过程又构成几个信息行为中的一个。该模型集成了心理学、决策科学、交流理论等多学科理论的研究成果，采用层级结构，综合表征了用户信息行为的发展过程，包括信息需求产生、认知机制评估、搜寻行为开始及发展、信息利用等。该模型综合多学科观点，较为全面地概括了用户信息需求刺激下不同阶段的信息行为。

Saracevic（1999）在Mooers信息搜寻基础上增加用户交互和情境因素，提出了分层交互模型，该模型注重用户、系统及问题情境在信息搜寻过程中的分层性质，深入地反映了检索者的认知心理需求，指出检索系统应满足用户认知需求并改善用户的认知结构。但国内学者刘燕君等（2013）认为该模型只是指出用户与系统、问题情境的交互，缺少对搜寻过程循环性质的描述。Ingwersen（1996）在Belkin研究的基础上，提出一种简化的基本认知模型，该模型假定了认知结构中个体差异的多样性，并从认知角度出发，分析了信息搜寻过程中所涉及的认知元素，如信息对象、界面、用户的认知空间以及社会、组织环境等。随后，他结合自己先前的研究，以用户认知空间、信息空间和人机交互界面为依托，建立了多元表示全局模型，模型涵盖信息需求、问题状态、工作任务等多种认知要素，并且它将信息搜寻中的全部交互活动和信息查找活动都视为认知过程，有效地对各种信息处理要素与认知行为进行融合，为认知信息搜寻与物理信息搜寻的融合提供了理论指导与依据。

3.1.2 后阶段发展模型

随着研究的深入与细化，基于认知观的信息搜寻模型在原有经典模型的基础上不断发展，近几年对该类模型的研究主要从以下两个角度进行。

一个角度是通用层面、综合多学科理论、涵盖宏观认知发展过程的模型。Ingwersen 和 Järvelin（2005）在对传统认知观进行修正的基础上提出整体认知理论，之后，Ingwersen 和 Järvelin（2007）又在扩展系统导向信息检索模型的同时，把整体认知理论改为整合认知模型，该模型在系统导向的信息检索界面基础上增加社会文化、组织情境，是认知信息搜寻与系统导向信息检索的整合。Zhang 和 Soergel（2014）在回顾并提炼以往意义构建模型、学习理论以及认知心理学等理论的基础上构建了一个基于认知过程和个体意义构建机制的综合模型。方清华（2007）提出了一个认知信息搜寻过程模型，该模型将信息搜寻过程定义为问题识别、需求表达、查询构造和结果评价四个方面的活动，并且将知识表示抽象为知识源和查询实例模型两个层次，从信息搜寻活动及相关的知识表示两个方面对用户信息搜寻行为进行了认知分析。

另一个角度是更加具体和微观，以特定信息加工过程为对象，并融合具体影响因素的模型。Chen 和 Macredie（2002）认为，最好的用户界面应该根据认知风格有不同的选择，因此，他们通过分析 1989～2001 年有关用户认知风格影响的实证研究提出了一个学习模型，该模型较好地考虑了不同认知风格的需要。Kinley 等（2014）建立了一个将认知风格与具体的信息检索策略、查询式构造行为、网页导航风格、信息处理策略等行为进行关联的模型，并通过实证研究验证了该模型。Savolainen（2013）则在借鉴社会认知理论的基础上提出了一个基于网络能力的认知模型，该模型通过阐述与网络信息搜寻相关的网络能力、自我效能、结果预期、情感因素以及经验等 5 个主要因素的相互影响，并重点关注了网络能力与自我效能之间的关系。通过实证研究得出网络搜索是一个动态交互的过程，涉及多个信息问题组织、变化中信息问题的生成、任务切换、多任务处理、显性任务与内隐心理协调以及认知转变等问题，Du 和 Spink（2011）发展了其前期研究并提出了一个涵盖多任务处理、认知协调和认知转变等多方面因素的网络搜索认知模型。之后，Alexopoulou 等（2014）在其基础上融合了个人变量以及任务或网页设计的影响因素，对模型进行了进一步的补充与完善。表 3-1 是对后阶段更加具体、微观的影响因素模型的总结，可以看到融入认知因素等研究变量的各微观模型的研究动态、聚焦点及研究意义。基于认知观的信息搜寻模型沿着认知交互模型、基于网络环境的搜寻模型和影响因素模型逐渐发展成为一种动态、交互、循环的信息加工和问题解决的认知信息搜寻过程模型。

表 3-1　后阶段发展模型

模型	理论基础	研究变量	聚焦点	研究意义
学习模型（Chen and Macredie，2002）	认知风格理论	认知风格	场独立、场依赖型认知风格的特征和学习模式	提供了针对学习者的不同认知风格设计超媒体系统中的导航模式和用户界面的思路
网络查询式重构模型（Rieh and Xie，2006）	Saracevic 的分层交互模型	情感、认知和状态水平；内容、格式以及资源因素	情感、认知以及状态水平对用户查询式重构的影响	验证了网络查询式重构的多个影响方面和模式
融入认知因素的用户模型（Kinley et al.，2014）	Ford 等（2009）的敏化模型	认知风格	认知风格与网络搜索的关系	描述了认知风格与具体的信息检索策略、查询式构造行为、网页导航风格、信息处理策略等行为之间的关系
认知模型（Savolainen，2013）	Bandura 的社会认知理论；网络能力模型	网络能力、自我效能、结果预期、情感因素以及经验	信息搜寻情境下的网络能力	识别了信息搜寻环境下网络能力、自我效能、结果预期、情感因素以及经验等五个相关因素的影响机理
网络搜索认知模型（Du and Spink，2011）	协调理论；心理学理论	多任务处理、认知协调以及认知转变	多任务处理行为的特征，认知转变的类型，认知协调的水平以及三者之间的关系	阐明了多任务处理、认知协调与认知转变的复杂交互关系
多任务集成模型（Alexopoulou et al.，2014）	用户-工具-任务（Person-Artifact-Task，PAT）模型；Du（2011）的认知模型	工作记忆、认知协调、认知变化、各种组件以及任务变量	多种变量对多任务网络信息检索的影响	提供了一个探索多因素对网络搜寻行为影响以及多变量之间相互影响的新视野

3.2　影响信息搜寻行为的认知因素研究

近年来，Balatsoukas 等（2009）、Salarian 等（2012）、Agree 等（2015）对用户认知因素对信息搜寻行为的影响进行了广泛的研究。笔者通过对相关文献的梳理以及对各种认知变量内涵的分析，最终将影响信息搜寻行为的认知因素归纳为认知风格、认知能力、知识和经验以及情感等。

3.2.1　认知风格对信息搜寻行为的影响研究

在所有认知因素中，认知风格对信息搜寻行为的影响最大。Allport（1937）认为，认知风格是指个人典型的或习惯性地解决问题、思考、知觉、记忆等的模式，在信息行为研究中，认知风格表征了不同用户的个性特征和行为取向，并且这些行为具有普遍性、稳定性以及规律性。认知风格是影响用户信息搜寻效率的重要个性特征（Chen，2002；Chen and Macredie，2004）。英国伯明翰大学 Riding 教授基于之前的研究提炼出两个基本认知风格维度（Riding and Cheema，1991）：整体-分析型和言语-表象型。柯青和周海花（2017）指出与信息搜寻行为更相关的是整体-分析维度。从整体-分析维度划分的认知风格有场独立-场依存、熟虑-冲动、聚合-发散等。其中，场独立-场依存（Witkin and Goodenough，1981）类型最经典，并被国内外广大学者所认可。场独立是指个体倾向借助自身的知识来加工信息，受外界影响较小。场依存是指个体在感知信息的过程中受外部的环境影响较大，会依赖外部的环境信息进行加工。认知风格影响用户与搜寻环境的交互，具体来说影响信息搜寻过程的不同环节，如检索策略制定、方法选用、结果评价等。Ford 等（2005）的研究结果显示场依存型个体在选择检索策略方面更具多样性，在简单检索过程中同时会使用布尔检索和最佳匹配策略。在信息检索过程中，场依存型用户更倾向浏览关键词（Ford et al.，2009），通过研究 65 名受试者在网络学习项目的学习效果差异，Man 等（2009）发现场独立者导航时间更短，而场依存者因为有更多的重复访问行为，所以导航时间较长。Kinley 和 Tjondronegoro（2010）通过问卷调查、日志分析以及出声思维等方法对 18 名研究生和学者进行研究，发现描述型用户倾向表现出分散的导航风格并采用扫描策略理解搜索结果页面，而图像型用户遵循结构化的导航和阅读模式。Hariri 等（2014）进行了类似的研究，他依据认知风格测试结果将 44 名受试者划分为场独立和场依存两组认知类型，通过对比实验发现场依存者在搜索主题型任务时，通常会先搜索一个宽泛的主题，然后逐步缩减范围，对检索到的信息以阅读为主；场独立者则会先制定一个精确的信息检索策略，再逐步扩大检索范围，对检索到的信息以浏览为主。

认知风格对用户信息搜寻绩效也有很大影响。Frias-Martinez 等（2008）发现相较场依存、场独立、描述型认知风格用户，介于场依存和场独立之间的中间型和成像型用户对数字图书馆有着更积极的感知，并在执行任务时更加高效。为验证认知风格是否显著影响用户在超文本环境下的信息搜寻绩效，国内学者柯青和王秀峰（2011）通过对 11 篇文献进行元分析，发现认知风格对时间绩效和成就绩效均显著相关，呈现中度影响效应，并且场独立型具有较高的时间绩效，而场依存型则具有较高的成就绩效。在超文本阅读中，场依存者比场独立者更容易迷失，学习效果要低于场独立者（周荣刚等，2003）。

有关认知风格的搜寻环境包括用户界面、系统特性等的感知，也是信息搜寻研究中的重要内容。Chen 等（2005）研究发现，场独立用户和场依存用户对于网页目录的主题类别组织、结果呈现、页面布局等具有不同程度的反应，具体表现为场依存用户容易受到界面结构和格式的影响，采用被动消极的方式获取信息，重视信息的全局布置；而场独立用户则相反，不易受界面布局的影响，倾向采用主动积极的方式获取信息，注重信息的空间细节。Ford 等（2002）发现在检索过程中，场依存型个体更易受到检索系统质量和特性的影响，对检索环境的依赖性较高；场独立型个体在检索中思维更清晰，更能充分分析自身的行为，表现出更强的积极性；同时相较序列型个体而言，整体型表现出更具探索性的行为，使用更为个性化或特质化的解释形式。沈旺等（2014）也研究得出了同样的结论：场依存用户更容易受到系统质量和特征的影响，场独立用户则不易受影响。

这些研究成果不仅有助于我们更好地解读用户的信息搜寻行为特征，而且也为设计融入不同认知风格的检索系统提供了思路，但是将认知风格与其他变量进行综合研究的成果还不多，并且很少有学者针对不同划分维度下的认知风格进行交叉研究，由于对认知风格的研究最终要落实到对系统的研究，所以接下来的研究应该围绕系统设计之于不同认知风格类型展开。

3.2.2　认知能力对信息搜寻行为的影响研究

认知能力对信息搜寻行为尤其是对充满智力活动的学术型信息搜寻行为表现有着重要影响。认知能力是指一个人获取和保存知识的能力，如记忆力、观察力和思维力等。在信息搜寻行为中，用户的认知能力多以思维能力、语言能力以及空间能力等表现出来。思维能力影响用户对搜寻任务的理解，包括搜寻过程中策略的选用以及结果的评价等；语言能力则直接影响检索表达式的正确表达和文本、搜索结果等信息的理解；空间能力体现在用户与系统交互过程中，用户对界面的视觉感受。

一方面，研究人员从用户整体认知能力出发对信息搜寻具体行为表现做了大量研究。Kim 和 Allen（2002）证明认知能力是用户和各种信息系统交互时的一个重要影响因素。Dillon 和 Watson（1996）指出认知能力会以预期的方式影响用户在特定任务中的具体表现。通过对 23 名本科生进行实验研究，Gwizdka（2010b）发现拥有较高认知能力的学生在全局界面和简单任务的情境下搜索速度更快，但是在列表界面和复杂任务的情境下，虽然搜索花费的努力值更大，但并没有使搜索结果的质量显著提高。

另一方面，更多研究者从思维能力、语言能力以及空间能力等具体的认知能力着手对用户信息搜寻行为进行了考察。Sharit 等（2008）研究发现，网络信息搜寻行为对用户的工作记忆、空间能力、推理能力有很高的要求，随着年龄的增长，老年人的认知执行功能的下降，尤其是工作记忆容量、认知灵活性、推理能力等的下降，导致了老年人搜索表现不佳。Dommes 等（2011）进一步发现老年人由于认知灵活性和词汇能力的下降，其搜索表现较差，任务完成速度较低，具体表现在搜索过程中与系统交互较少，难以摆脱僵局以及调整无效请求等方面。Chen 和 Feeley（2013）通过问卷调查对计算能力、搜寻经验以及自我效能三者之间的关系进行研究，结果表明计算能力对自我效能和信息搜寻经验具有积极效应，并且信息搜寻经验部分调节计算能力与自我效能之间的关系。另外，Hsieh-Yee（1998）通过网络搜索任务中的文字组合测试，发现与语言能力相关的说话流利程度和搜索成功有很大关系。

对认知能力的研究解释了不同认知能力对信息搜寻行为的影响，有助于设计个性化定制功能的检索界面，改进检索系统，促进不同认知能力的用户群有效地获取信息。至于哪种类型的认知能力对搜寻行为和检索性能的影响更大，用户在何时以及需要怎样不同类型的认知能力，认知能力与其他因素的相互作用以及它们对信息搜寻的共同影响等问题，还需要我们更进一步去研究。

3.2.3 知识和经验对信息搜寻行为的影响研究

影响用户信息搜寻行为的知识主要包括领域知识、网络知识和系统知识。领域知识是关于搜寻主题的知识；网络知识是指使用网络的一般知识，如上网的方法、检索的方法、网络浏览器的使用等；系统知识具体指提供某种搜寻功能系统的使用知识，可以理解为搜索引擎、数据库系统等的使用知识。用户领域知识对其在信息系统的使用过程中的表现和满意度有着持续的影响。研究发现，拥有丰富领域知识的用户在进行信息搜寻时通常比新手有更充分的准备和计划，更善于使用专业领域的名词术语来构造检索表达式，更高效地完成搜索活动（Ford et al.，2013；Hölscher and Strube，2000）。单独的知识变量通常很难对用户信息搜寻行为进行充分解释，研究人员往往结合其他变量进行综合研究，如 Sharit 等（2008）发现网络知识对用户搜寻行为的影响虽然必不可少，但还不足以解释用户信息搜寻的表现，于是他们结合关键认知能力进行研究，得出知识和关键认知能力对于成功搜寻信息具有综合作用。Downing 等（2005）发现领域专长和空间想象能力的共同作用对用户检索到第一篇论文以及全部相关论文所花费的时间产生显著影响，并且两个影响因素之间也存在着交互影响。

经验是一个人在社会实践中取得的知识和技能，影响用户搜寻行为的经验主要体现在有关信息源的查找、检索方式的选用、检索表达式的构造、检索策略的制定和检索技巧的运用等方面的搜寻经验，在搜寻过程中，有经验的用户往往会比没有经验的用户搜寻表现更佳。Small 等（2009）的研究表明，在信息搜寻过程中经验丰富的用户的脑功能区域被激活得更多，Wildemuth（2004）的研究也表明有经验的用户在信息搜寻过程中通过整合其他知识来形成特定的概念，并且在头脑中建立的图式有助于解决信息问题。Navarro-Prieto 等（1999）在研究中就发现有经验的用户更喜欢用代表主题的关键词进行搜索，检索效果也较好。而经验较少的用户则会用比较宽泛的词，也更依赖于系统的功能设置和界面的认知风格。

网络搜寻经验和领域知识结合形成专家效应，对用户的网络信息搜寻行为产生显著影响。Saito 和 Miwa（2002）通过对比研究发现，专家和新手在信息搜寻中解决问题所花费的时间、搜索页面的数量和类别存在较大差异，进一步发现，专家通常根据局部基本单元系统地构建一个全局结构来组织其信息搜寻行为，而新手则不然。专家通常使用他们喜欢的搜索引擎和复杂的检索策略对搜寻到的全文进行信息加工。

现有对用户知识和经验的研究有助于理解与明确交互所必需的知识及经验，并且启发系统设计人员通过向用户提供帮助服务（如检索词选项）以在专业领域知识方面提供辅助，并为新手和专家用户提供多种服务接口。而关于用户在何时及为什么需要不同类型的知识，各类型知识之间的相互作用以及它们对信息搜寻的共同影响，各类型的知识和经验之间的交互影响等问题，还需要更多的研究来解释。

3.2.4　情感对信息搜寻行为的影响研究

用户的情感被看作一个影响信息搜寻行为的重要因素。情感是指人在对待某一事物或某一事态的时候情绪或感情上的表现。情感是认知活动中不可或缺的重要组成部分，认知的发生对情感具有依赖性，也就是说，没有情感就不会有认知，情感贯穿于认知活动的全过程，对认知产生举足轻重的影响（Phelps，2006；王浩成等，2018）。情感分为积极、中立和消极三种状态。不同的情感状态对用户的行为影响是截然不同的，积极的情感对用户的行为具有促进作用，中立的情感对用户行为无明显作用，而消极的情感往往会对用户的行为产生阻碍作用。对情感状态的控制程度等也会对搜寻行为产生重大影响。

用户的情感状态会影响用户对检索过程、检索策略、检索结果的认知，进而影响用户的搜寻行为。Kuhlthau（1991）的研究表明，用户在搜寻初期可能会有不确定、困惑、焦虑等负面情绪，而这些负面情绪不利于搜寻行为的顺利进行。闫瑶瑶和李永先（2016）认为用户在信息搜寻之前，心理上容易产生“拥有”少于“需要”的稀缺心态，这种心态会在一定程度上弱化用户的认知能力，例如，用户会忽略那些重要却未被意识到的信息，如更多关键词等。Kim（2005）的研究表明，不能有效控制情感的用户倾向使用更多的关键词，并且搜索的准确性和回忆率也较低。

通过对田纳西大学的 41 名来自不同专业的教师、学生和图书馆员的实验调查，Tenopir 等（2008）发现，用户的情感一直频繁地与信息搜寻过程的认知活动同时发生，并且积极情感更为常见，通常与搜寻结果相关的想法关联，而负面情绪则通常与有关系统、检索策略和检索任务的想法相关。Park（2013）通过研究和调查发现，用户在明确信息需求的前提下，其积极的、自信的情感可以缩短其完成检索任务的时间，有助于信息检索过程的顺利进行；负面情绪会导致较差的搜寻表现以及使用户花费更多的心智努力，并且用户的情绪在处理特定时间限制下的多任务信息搜寻的表现扮演着重要角色。国内学者孙在全（2011）调查发现，在所有被调查者中，80%的用户认为当情绪好时或对检索主题感兴趣时更容易完成检索任务，而只有 20%的用户认为情感对其信息搜寻行为没有影响。

用户可以通过控制自己的情感状态，表现出平静、放松和低神经质倾向，这可能会增加对信息搜寻欲的满意感，进而促使个体在信息搜寻过程中克服更多困难。通过对比 Kuhlthau 的 ISP 模型和 Nahl 的社会生物信息技术模型，Savolainen（2015）对情感和认知因素在信息搜寻与使用中的交互影响作用进行了探讨。Kim（2005）认为情感控制影响关键词的使用，不能有效控制情感的用户倾向使用更多的关键词，并且搜索的准确性和回忆率等显著低于能有效情感控制的用户。Kim（2008）后来进一步发现情感控制对搜寻行为有较大影响，但对搜寻表现没有显著影响。而 Park（2015）综合实验法、问卷调查法、日志追踪法、出声思维法以及访谈法等多种方法研究发现，虽然用户的努力程度、花费时间以及知觉可能都是影响用户在动态和复杂的信息情境下产生良好搜寻表现的必要因素，但如何有效管理情绪会最终影响用户信息搜寻成功的表现。

现有对情感因素的研究揭示了不同情感状态以及用户对自身情感状态的控制或自我调节对信息搜寻行为的影响。这些研究有助于我们更好地理解情感因素作用下的用户信息搜寻行为规律，并且进一步为将情感因素融入系统设计中提供理论支持和根据。但对于情感因素具体的影响机制还有待更细致的研究和探索。

表 3-2 总结了认知因素对信息搜寻行为的影响研究，从中可以清楚地看到各认知因素对用户信息搜寻行为影响研究的基本现状。这些研究不仅体现了认知风格、认知能力、知识和经验以及情感等认知因素对用户信息搜寻行为的影响机制，并进一步启示我们，用户的搜寻行为会受到与认知因素相匹配的设计属性、系统特征（如界面的呈现方式、信息的表达方式和内容结构）的影响，这也提醒研究人员和系统设计人员，在进行模型和系统设计时要充分考虑用户的认知心理因素，例如，在系统界面的设计中，就要充分融合不同用户的认知风格；而在功能的设置中，也要考虑不同用户的认知能力；在系统的导航设计中，可以分为专业级与业余级，让具有专业领域知识背景的用户选择专业级的系统功能，而对于缺乏专业知识的用户在系统中多使用导航系统，通过智能化的导航来进行检索；在系统使用和功能运行上尽量简洁、流畅和清晰，使用户保持积极自信的情感状态。通

过这一系列的改进措施使用户与环境进行交互时能够满足和匹配自身个性化的需求、行为偏好和认知状态，从而改善其搜寻表现和效率。

表 3-2　认知因素对信息搜寻行为的影响研究

认知因素	主要参考文献	研究重点	问题	意义
认知风格	Hariri 等（2014）；Kinley 和 Tjondronegoro（2010）	认知风格对搜寻不同环节（如策略制定、方法选用、结果评价等）的影响	1. 不同维度划分下的认知风格的相互作用以及它们对信息搜寻行为的共同影响； 2. 认知风格对信息搜寻的影响是否会受到其他变量的干扰作用？认知风格与其他变量对信息搜寻行为的共同影响； 3. 怎样帮助不同认知风格的用户使用系统，如何设计融入不同认知风格要素的检索界面？	1. 更好地理解认知风格影响下用户的信息搜寻行为模式； 2. 认识到系统环境对不同认知风格用户的搜寻行为、表现和效率的影响； 3. 设计适合不同认知风格的用户检索界面和系统特征
	Frias-Martinez 等（2008）；柯青等（2015）；冯颖等（2011）	认知风格对搜寻绩效的影响		
	Chen 等（2005）；沈旺等（2014）；Ford 等（2002）	认知风格对搜寻环境的感知		
认知能力	Kim 和 Allen（2002）；Gwizdka（2010b）	认知能力对信息搜寻具体行为表现的影响	1. 哪种类型的认知能力对搜寻行为和检索性能的影响更大？ 2. 用户在何时以及怎样需要不同类型的认知能力？ 3. 认知能力与其他因素的相互作用以及它们对信息搜寻的共同影响	1. 理解不同认知能力对信息搜寻行为的具体影响； 2. 设计个性化功能的检索界面，改进检索系统，促进不同认知能力的用户群有效地获取信息
	Sharit 等（2008）；Dommes 等（2011）；Chen 和 Feeley（2013）	空间能力、语言能力和思维能力等具体认知能力对搜寻行为的影响		
知识和经验	Hong 等（2002）；Dodson 和 Beck（2004）；Sharit 等（2008）	知识（领域知识、网络知识和系统知识）对信息搜寻行为的影响	1. 用户在何时及为什么需要不同类型的知识？ 2. 各类型知识之间的相互作用，哪种类型的知识对信息搜寻的影响更大以及各类型知识对信息搜寻的共同影响？ 3. 各种类型的知识和经验之间的交互影响是什么？如何设计考虑不同知识结构用户的检索系统？	1. 理解为了有效地与信息环境进行交互而必需的知识和经验； 2. 通过向用户提供帮助服务，如检索词选项，以在专业领域知识方面提供辅助； 3. 对新手和专家用户提供多种接口
	Chen 和 Feeley（2013）	经验（主要指网络搜寻经验）对信息搜寻行为的影响		
	Hsieh-Yee（2001）；Saito 和 Miwa（2002）	知识和经验对信息搜寻行为的共同影响		
情感	Park（2013）；Tenopir 等（2008）	不同情感状态对信息搜寻行为的影响	1. 情感状态在何时以及什么情境下影响搜寻表现？ 2. 情感状态和情感控制会对信息搜寻的哪些具体环节有影响？	1. 理解不同情感状态对信息搜寻行为的影响； 2. 将情感因素及相应的解决措施结合到系统设计中
	Kim（2005，2008）；Park（2015）	情感控制对信息搜寻行为的影响		

3.3　小　　结

本章对国内外信息搜寻行为中的用户认知研究现状及发展动态进行了述评，

研究成果不仅有理论基础的研究，更有认知因素影响下的行为机理等实证研究；既有对经典理论及模型的吸收和扩展，也有对认知因素作用下的代表性问题的探索。新的信息环境下，有关用户认知的研究更应该关注支撑新技术下的理论与方法基础，并从认知角度对以下相关问题进行再思考。

（1）大多数用户认知的研究分别围绕认知风格、认知能力、知识和经验以及情感等认知因素对用户信息搜寻行为的影响具体展开，但对各因素之间的关联作用以及相互融合的研究并不多。例如，有关认知风格与认知能力、知识和经验与情感等因素之间的关系，这些因素是否有交叉重叠部分，彼此之间是否有干扰或促进作用，以及它们对用户的认知行为和用户与系统交互的共同影响等方面的研究还有所欠缺，只有部分研究同时关注了认知能力与知识和经验等之间的相互作用以及它们对搜寻行为的交互影响。接下来的研究应当在继续关注这些认知变量的影响机制的同时，对多种认知变量进行关联融合或对比研究，并适当增加环境变量、情境变量等观察变量对用户行为特性、习惯偏好等方面进行充分探讨。

（2）尽管现有研究已表明各种认知因素与信息搜寻行为之间的关系，但目前尚不清楚搜寻行为的哪些组件受到哪些认知因素的影响，这些影响因素对不同组件的影响权重如何，哪种因素对搜寻结果、任务完成表现或用户满意度最为关键，以及如何根据用户行为预测其认知类型？例如，认知风格如何影响用户的信息搜寻策略、检索式重构行为、网站导航风格或信息处理方法等，这些环节或组件是否同时受到其他因素的共同影响，通过确认这些影响因素的优先级和重要程度，将其有区分地整合到系统的设计当中。再如，是否可以在自适应环境中利用视觉、口头或听觉呈现，根据用户特定的导航行为，自动预测用户的认知特征，从而提供系统与用户之间有效的互动，增强用户的体验与满意度。

（3）虽然研究者从认知交互、用户情境等角度提出了一些认知模型来解释用户在信息搜寻过程中的作用，并且也探讨了各种认知因素对信息搜寻行为的影响，但这些研究多反映的是用户的相关需求，揭示的是用户怎样在不同类型信息检索系统中进行交互，只有极少的针对用户认知研究的成果应用到信息检索系统的设计当中，面向用户认知的研究和面向系统的设计还有很大的差距，我们应把针对用户认知研究的设计原则纳入并应用到信息检索系统的设计和评价中，使用户的认知研究与系统设计真正融合，在信息提供者与信息需求者之间架起沟通的桥梁。

第 4 章　信息检索过程中用户认知负荷变化实验

4.1　认知负荷理论

澳大利亚的认知心理学家 Sweller（1988）首次提出了认知负荷理论，后来该理论被学者引进心理学、教育学等领域并得到了广泛的研究。认知负荷的理论基础主要包括资源有限理论和图式理论。认知负荷理论认为，一个人在某段时间内所具有的认知资源是一定的，而进行学习等与思考有关的活动都会消耗认知资源。当同时进行多项任务时，由于总的认知资源是一定的，那么认知资源就要在不同的认知活动间分配。当一种认知活动的完成所消耗的认知资源高于其自身拥有的资源时，就会产生认知超负荷现象，而超负荷现象会对最后任务的完成效果产生影响。

4.1.1　认知负荷的定义

Paas 和 van Merriënboer（1994）认为，认知负荷是执行一项具体任务时加于个体认知系统的负荷，由评价维度和因果维度构成。

评价维度集中反映了对认知负荷大小的评估和测量，主要包括三个方面：心理负荷、心理努力和绩效。这三个方面又会相互产生影响。心理负荷体现的是学习材料与学习者之间的交互作用，它由任务的难度客观决定，不受用户自身特征的影响。心理努力则表示用户在完成任务的过程中所付出的认知努力，包括感知、记忆、思维、想象等认知努力以及情绪调节与时间控制等，具有主观性，影响学习绩效。绩效则是通过对用户客观成绩（如任务的正确率和反应时间）进行测量，从而间接反映认知负荷的大小。因果维度则主要用来反映认知负荷的影响因素，它包括两个要素：任务特征和学习者特征。同样，这两个要素也会相互产生影响。任务特征要素主要包括任务的难度、复杂程度、结构以及完成任务的时间约束等。学习者特征要素则包括学习者已有的知识经验、认知能力、认知风格等因素。学习者与任务的交互作用包括学习动机与学习情绪等因素。

4.1.2　认知负荷的分类

根据影响认知负荷因素的来源及性质，可以将认知负荷分为：内在认知负荷、外在认知负荷以及相关认知负荷。每个用户总的认知负荷由这三种认知负荷相加得到。

内在认知负荷是在具体任务中，由必须理解的任务信息、学习材料的复杂性与个人的知识水平的交互作用所引起的难度（Sweller et al.，1998）。对个人来说，给定的任务的性质是内在认知负荷的来源。任务越复杂，需要处理的相互联系、相互作用的元素越多，会导致更高的内在认知负荷。同时，由于受自身知识结构的影响，不同用户感受的任务难度也可能不同，但每个用户所具有的认知资源是有限的，当完成任务带来的认知资源需求较大时，用户消耗的认知资源较多，此时会产生较大的内在认知负荷。

外在认知负荷是由任务信息呈现给学习者的方式产生的。任务的组织和呈现方式是主观设定的，它一般不会直接对用户的认知负荷产生影响。但是当其组织或呈现方式不合理时，用户会在与学习目标无关的过程中投入精力，产生较高的外在认知负荷，对用户完成任务产生负面影响。

相关认知负荷是指学习者致力于构建图式而投入的精力，也被称为有效认知负荷。当用户执行某项具体的任务时，任务的复杂度、组织形式和呈现方式会首先占用其一部分的认知资源，剩余的认知资源被用来进行深层次的图式建构，以完成任务，此时就产生了相关认知负荷（Sweller，1994）。内在、外在、相关三种认知负荷均会占用一定的认知资源，但是与内在、外在认知负荷不同的是，相关认知负荷占用的认知资源是帮助用户寻找、构建、完善认知结构，能够对完成任务产生促进作用。与此同时，由于总的认知负荷由外在、内在、相关这三种认知负荷相加得到，所以相关认知负荷的大小受认知负荷总量以及内在认知负荷、外在认知负荷的高低的影响（Paas et al.，2003）。

在实际完成任务的过程中，随着对任务的不断理解，用户花费的心理努力和主观感受到的难度随着时间在不断发生变化，那么对应产生的认知负荷也是处于不断变化之中的，所以认知负荷具有动态性（Xie and Salvendy，2000）。根据认知负荷随着时间变化的特点，可以将认知负荷分为瞬时认知负荷、平均认知负荷、累积认知负荷、峰值认知负荷和总认知负荷等。

4.1.3　认知负荷的测量

认知负荷结构模型的评价因素，反映了认知负荷可以测量的三个方面，即由任务需求引起的心理负荷，个体付出的心理努力和相应的行为表现（如成绩）是认知负荷测量的基础。可以对应使用心理负荷、心理努力以及成绩这三个指标来评价认知负荷的大小。目前，多数研究使用实验方法来测量认知负荷。测量认知负荷的实验方法一般可以归为三大类：任务绩效测量法、生理测量法和主观测量法。

任务绩效测量法是通过对用户完成任务时的客观表现成绩进行测量从而间接衡量用户在任务过程中产生的认知负荷大小，该方法又细分为单任务和双任务两种测量方法：单任务测量方法是指用户需要完成单个任务，然后根据用户在任务中的表现（如任务准确率、完成时间等）来反映用户的认知负荷大小。与单任务测量方法类似，双任务测量方法也要求用户去完成任务，不同的是用户要在同时间段内进行两个任务，其中一个是主任务，另一个是次任务，即将精力和认知资源分配在两项任务上。双任务通常需要设定一个时间段，而单任务则可以设定也可以不设定时间范围限制。

生理测量法以任务过程中用户的生理反应（如心脏活动、大脑活动、眼活动等）来间接地测量认知负荷。与其他测量方法相比，该方法能更清楚地反映任务过程中认知负荷的动态变化情况，如每个时间点的认知负荷、峰值认知负荷等。

主观测量法即通过设计结构化的调查问卷来对任务过程中用户产生的认知负荷进行测量，不仅简单直接，而且具有较高的信效度。主观评价指标包括任务难度大小、花费的心理努力、消耗的认知资源等。目前，对主观评价指标进行评价的量表主要有以下四种。

（1）PAAS 编制的认知负荷自评量表（The Cognitive Load Subjective Ratings）：采用心理努力评价和任务难度评价。

（2）SWAT（主观负荷评估技术，Subjective Workload Assessment Technique）量表：采用时间负荷、努力负荷和心理紧张负荷进行评价（Reid and Nygren，1988）。

（3）TLX（任务负荷指数，Task Load Index）量表：采用心理需求、业绩水平、努力程度、时间需求、体力需求和受挫程度进行评价（肖元梅等，2005）。

（4）WP 量表（心智负荷自我评定量表，The Workload Profile Index Ratings）：对完成某个任务所占用的心理资源进行评估（Whelan，2007）。

4.2　信息检索过程中用户认知负荷变化的实验设计

4.2.1　实验目的

信息检索活动本质上是一种认知活动（Du，2011）。为了理解检索过程，有必要了解个体用户在信息检索过程中的认知负荷（Scholer et al.，2013）。Gwizdka 和 Lopatovska（2009）的一系列研究指出，在整个搜索任务粒度上测量的平均认知负荷会掩盖任务执行期间用户认知负荷变化的重要波动。因此，本实验基于 ISP 理论将信息检索过程划分成 6 个对立的任务阶段，从更细的粒度上去探究用户在信息检索过程中的认知负荷动态变化规律。

4.2.2 实验对象的选择

之前的用户行为研究指出，进行以用户为基础的研究开销非常大，需要分配资源（时间、成本、精力）和招募受试者，是公认的非常耗时和劳动密集型的研究，一般情况下，基于统计学分析招募人数为 8～12 人即可（Elbedweihy et al.，2015）。为规避一些可能的偶然性因素，本实验招募 20 名受试者（S1～S20），均为武汉大学信息管理学院的研究生。受试者年龄分布于 22～26 岁，平均年龄为 24 岁。他们几乎每天都有信息检索行为，对 CNKI 检索系统非常熟悉。

4.2.3 信息检索任务设计

通常的检索任务设计可分为事实查找型和智识任务两大类（Li and Belkin，2008），智识任务往往需要通过与检索系统的多次交互直至满足自己的认知需求为止，是一种重新构建自己认知结构的过程（杨瑜，2016），更符合研究目的。因此设置了一个典型的智识任务：请通过 CNKI 检索系统查找主题为“互联网金融”的文献，并总结目前围绕该主题的主要研究内容，不少于 800 字。

4.2.4 任务阶段划分

为了实现对信息检索过程中用户认知负荷变化的动态测量，基于库尔梭的 ISP 模型，将实验任务划分为任务启动（Task Initiation，TI）、构建查询（Topic Selection，TS）、聚焦探索（Prefocus Exploration，PE）、焦点生成（Focus Formulation，FF）、标记内容（Information Gathering，IG）、成果展示（Representation，RE）6 个任务阶段，如表 4-1 所示。

表 4-1 基于信息搜寻过程的任务阶段划分

任务阶段编码	任务阶段	任务阶段标识	任务阶段描述	ISP
TI	任务启动	CNKI 主页面	理解任务，形成模糊的信息需求	Initiation
TS	构建查询	CNKI 主页面＋检索式	输出初始检索式	Selection
PE	聚焦探索	检索结果页面＋重构检索式	广泛深入检索、重构检索式、大量下载文献	Exploration
FF	焦点生成	具体文献结果页面（内容页面）	粗略浏览下载的文献，筛选重要文献	Formulation
IG	标记内容	添加文献标记页面	精读筛选出的文献，并标注、摘录、收集相关信息	Collection
RE	成果展示	撰写任务结果文档页面	合并精炼信息，撰写文档	Presentation

实验中以各个任务阶段为测量单位进行分析，达到动态测量信息检索过程中 6 个阶段的平均负荷及峰值负荷的目的。具体任务内容描述以模拟工作任务情境的形式给出如下（Borlund，2000）。

任务阶段 TI：接受检索任务，明确信息需求。

任务阶段 TS：思考并提交检索式。

任务阶段 PE：根据系统反馈的文档进行探索学习，涉及多次重构查询式以获得更多参考文献。

任务阶段 FF：对检索到的文献进行进一步比较，筛选出重要文献。

任务阶段 IG：对重要文献进行细读并标注有用的信息。

任务阶段 RE：以简要的形式总结学习到的内容。

4.2.5　实验环境

实验所用的平台是 CNKI 资源总库，主要由于其在高校中使用比较频繁，且具有一定的权威性。本实验的主要工具设备为 TechSmith Morae 软件，使用其三个组件之一的 Morae Recorder 来记录受试者的操作视频。

实验场所在武汉大学信息管理学院，每个受试者使用统一的装有 Windows 7 系统的笔记本电脑执行学术搜索实验任务，实验中使用的浏览器是火狐浏览器 41.0.1 版本，笔记本电脑装有录屏软件 Morae Recorder，全程完整记录受试者与系统的交互数据。

4.2.6　实验流程

实验过程主要分为以下部分。

（1）实验组织者向受试者讲解实验过程并提醒实验过程中应注意的基本事项，然后安排受试者按照指导语要求进行操作。正式开始实验之前，先让受试者练习以熟悉实验环境。在受试者认为自己已经明白实验流程后，进行相应的操作，开始正式的学术搜索实验。

（2）受试者开始实验之前，先填写实验前问卷，并评估对任务主题内容的熟悉程度，以确保受试者完成该任务是通过搜索而非先验知识所得，然后针对检索任务展开搜索。

（3）在正式搜索实验中，受试者使用 CNKI 完成关于“互联网金融”的信息搜寻任务，该任务基于 ISP 理论特点划分 6 个任务阶段。每个任务阶段开始时需先单击面板提示框左下角的 Start Task 按钮，当该任务阶段结束时单击 End Task 按钮。然后填写用以评估该任务阶段主观难度和自己付出的努力程度（9 级评分）

的 PAAS 量表，之后才进入下一任务阶段，直到完成全部 6 个任务阶段为止。

（4）搜索实验结束后，受试者关闭录屏软件并填写实验后问卷，实验组织者根据受试者在完成学术搜索过程中的具体表现对受试者进行访谈。每一个受试者在完成整个实验过程中大概用时 60～120min。

4.2.7 数据采集与处理

本实验综合使用主观测量法和任务绩效测量法来测量用户在进行学术信息搜索过程中的认知负荷。

实验中与受试者有关的数据主要通过四种方式记录：①搜索前通过问卷收集受试者的人口统计特征及搜索经验数据；②在 6 个任务阶段（任务启动、构建查询、聚焦探索、焦点生成、标记内容、成果展示）中，每个阶段的主观认知负荷通过 PAAS 量表收集；③通过录屏软件 Morae Recorder 记录用户在学术搜索过程中与系统交互的全部行为数据，包括注视时长、点击、下载等客观指标；④实验后以问卷形式记录用户的满意度。

数据分析处理主要使用 SPSS19.0 软件，采用均值及标准差描述各指标数据的集中趋势及分散趋势；采用 F 检验和单因素方差分析对各指标数据的差异性及显著性进行统计分析；采用多重比较分析和显著性检验进一步识别认知负荷的变化规律。

4.3 实验结果及讨论

4.3.1 学术搜索六阶段认知负荷的用户主观判定结果

认知负荷的定义揭示了其是一种与用户个体内在认知紧密相关的本质特点，是用户在信息加工过程中的内在心理感受，需要用户主观评价，客观只是一种辅助手段，故主要采用主观测量法。在研究者开发的众多认知负荷主观量表里，PAAS 量表因为具有较高的信度（内部一致性信度系数 $\alpha = 0.74$），而且简单有效、使用方便，所以在过去的研究中备受学者青睐而被广泛采用。在本次实验中也采用 PAAS 量表对信息检索过程中不同任务阶段用户的认知负荷进行测量。实际应用中，采用两个题目分别对用户主观感知的任务难度和心理努力程度进行评估，即“你认为刚才的任务有多难”“在刚才的任务中你投入的心理努力有多少”。实验中两个指标均采用 9 级评分制，从 1～9 表示程度依次递增，1 表示感知到的任务难度最低和投入的心理努力最少，5 表示感知到的任务难度中等和投入的心理努力中等，9 表示感知到的任务难度最大和投入的心理努力最多。基于心理努力和任务难度两个指标，采用 SPSS19.0 对实验收集到的数据进行相关的统计分析，并且对基于二者构成的认知负荷指数进行统计分析。

统计参与实验的 20 名受试者的心理努力数据如表 4-2 所示。从表中可以看到，心理努力在 6 个任务阶段的均值依次为 3.4000、3.4000、6.6500、6.8500、6.9000、7.6500，心理努力程度总体上呈现出增长的趋势，但是后 4 个任务阶段受试者心理努力均值相差不大。与此同时，可以看到受试者在任务阶段 TI 花费的心理努力标准差最大为 1.759 19，即心理努力的波动最大。在任务阶段 TI，受试者理解任务形成模糊需求，那么可以认为由于每个受试者的知识结构不同，在认知第一阶段对任务问题的理解也不同，从而花费的心理努力也存在较大的波动和差异。

表 4-2　不同任务阶段受试者感知心理努力情况

任务阶段	*N*	均值	标准差	均值的 95%置信区间		极小值	极大值
				下限	上限		
TI	20	3.400 0	1.759 19	2.576 7	4.223 3	1.00	6.00
TS	20	3.400 0	1.667 02	2.619 8	4.180 2	1.00	7.00
PE	20	6.650 0	1.496 49	5.949 6	7.350 4	3.00	9.00
FF	20	6.850 0	1.225 82	6.276 3	7.423 7	5.00	9.00
IG	20	6.900 0	1.333 77	6.275 8	7.524 2	5.00	9.00
RE	20	7.650 0	1.225 82	7.076 3	8.223 7	5.00	9.00
总数	120	5.808 3	2.254 02	5.400 9	6.215 8	1.00	9.00

在实验过程中，20 名受试者反馈的任务难度数据如表 4-3 所示。可以看到，用户主观感知的任务难度在信息搜索过程的 6 个任务阶段中整体上呈现出先增加再回落的趋势。受试者在任务阶段 TI 和任务阶段 TS，即在形成模糊信息需求和输出初始信息检索式阶段上，感知任务难度比较接近，在整个信息搜索过程中处于较低水平。而在 PE、FF、IG、RE 4 个任务阶段，即重构检索式深入检索、查看单个文献结果、标注相关的内容、建立文档最后 4 个任务阶段，所有受试者的任务感知难度均处于较高的水平，一定程度上反映了受试者在这 4 个任务阶段感觉较吃力，花费的心理努力也更多。这可能与受试者在完成任务时认知负荷不断累积有关，从而导致受试者感知的任务难度一直处于较高的水平。

表 4-3　不同任务阶段受试者感知任务难度情况

任务阶段	N	均值	标准差	均值的 95%置信区间		极小值	极大值
				下限	上限		
TI	20	2.800 0	1.151 66	2.261 0	3.339 0	1.00	5.00
TS	20	2.500 0	1.277 33	1.902 2	3.097 8	1.00	5.00
PE	20	6.050 0	1.700 62	5.254 1	6.845 9	3.00	9.00
FF	20	5.900 0	1.209 61	5.333 9	6.466 1	4.00	8.00
IG	20	6.950 0	1.145 93	6.413 7	7.486 3	5.00	9.00
RE	20	6.500 0	1.357 24	5.864 8	7.135 2	4.00	9.00
总数	120	5.116 7	2.204 59	4.718 2	5.515 2	1.00	9.00

在得到心理努力和任务难度统计数据的基础上，计算这两个维度数据的算术平均数，对应可以得到信息检索过程中 6 个任务阶段所有受试者的认知负荷指数数据如表 4-4 所示。

表 4-4　不同任务阶段受试者的认知负荷指数情况

任务阶段	N	均值	标准差	均值的 95%置信区间		极小值	极大值
				下限	上限		
TI	20	3.100 0	1.303 84	2.489 8	3.710 2	1.00	5.50
TS	20	2.950 0	1.255 51	2.362 4	3.537 6	1.00	5.50
PE	20	7.050 0	1.024 70	6.570 4	7.529 6	5.00	8.50
FF	20	5.900 0	0.926 23	5.466 5	6.333 5	4.50	8.00
IG	20	7.075 0	1.003 61	6.605 3	7.544 7	5.50	8.50
RE	20	6.025 0	0.834 69	5.634 4	6.415 6	4.50	8.00
总数	120	5.350 0	2.007 97	4.987 0	5.713 0	1.00	8.50

从表 4-4 中可以观察出，在学术搜索过程中 6 个不同任务阶段受试者认知负荷指数的均值依次为 3.1000、2.9500、7.0500、5.9000、7.0750、6.0250，其中 IG 阶段的认知负荷指数值最大，PE 阶段仅次于它且二者非常接近，只相差 0.025。而在学术搜索过程的初始两个阶段，即阶段 TI 和阶段 TS，认知负荷指数值显著低于其他 4 个阶段，其中 TS 阶段最低为 2.9500，TI 阶段比 TS 阶段高 0.15。FF 阶段和 RE 阶段的认知负荷指数也非常接近，相差仅 0.125。即在学术搜索过程中，6 个不同任务阶段受试者认知负荷指数大小顺序为 IG＞PE＞RE＞FF＞TI＞TS。

接下来不考虑受试者的个体差异，对认知负荷指数在 6 个任务阶段上的数据进行方差分析，以试图探索在 6 个任务阶段上认知负荷是否存在显著差异。将 6 个任务阶段的数据作为 6 个比对组进行方差分析，首先对各组数据总体方差是否满足齐次性进行检验，如表 4-5 所示。

表 4-5　各阶段认知负荷指数方差齐次性检验一

Levene 统计量	df1	df2	显著性 p
1.336	5	114	0.254

注：df1 代表组间自由度，df2 代表组内自由度。

由于显著性 $p = 0.254 > 0.05$，即方差齐次性检验不显著，这表明在学术搜索过程中的不同阶段之间，受试者的认知负荷总体方差是均衡的，因此可以进一步进行方差分析，结果见表 4-6。

表 4-6　受试者认知负荷指数的方差检验

项目	平方和	df	均方	F	显著性 p
组间	348.925	5	69.785	60.787	0.000
组内	130.875	114	1.148		
总数	479.800	119			

从方差检验结果中可以看到显著性 $p < 0.05$，拒绝原假设，即 6 个任务阶段之间的认知负荷指数均值存在显著性差异。那么可以认为认知负荷大小受任务阶段的影响，受试者在各阶段的认知负荷存在差异性。在得到 6 个任务阶段上受试者的认知负荷存在显著差异的情况下，下面具体分析哪些阶段的认知负荷存在显著性差异。

为便于表示，用数字 1～6 分别代替学术搜索过程阶段 TI～IG，对表 4-4 中的数据采用最小显著差异（Least Significant Difference，LSD）方法进行多重比较，得到如表 4-7 所示的结果。

表 4-7　不同任务阶段受试者认知负荷指数的多重比较

（I）阶段	（J）阶段	均值差（I–J）	标准误	显著性 p	95%置信区间	
					下限	上限
TI	TS	0.150 00	0.338 83	0.659	–0.521 2	0.821 2
	PE	–3.950 00*	0.338 83	0.000	–4.621 2	–3.278 8
	FF	–2.800 00*	0.338 83	0.000	–3.471 2	–2.128 8
	IG	–3.975 00*	0.338 83	0.000	–4.646 2	–3.303 8
	RE	–2.925 00*	0.338 83	0.000	–3.596 2	–2.253 8

续表

(*I*) 阶段	(*J*) 阶段	均值差 (*I–J*)	标准误	显著性 *p*	95%置信区间	
					下限	上限
TS	TI	−0.150 00	0.338 83	0.659	−0.821 2	0.521 2
	PE	−4.100 00*	0.338 83	0.000	−4.771 2	−3.428 8
	FF	−2.950 00*	0.338 83	0.000	−3.621 2	−2.278 8
	IG	−4.125 00*	0.338 83	0.000	−4.796 2	−3.453 8
	RE	−3.075 00*	0.338 83	0.000	−3.746 2	−2.403 8
PE	TI	3.950 00*	0.338 83	0.000	3.278 8	4.621 2
	TS	4.100 00*	0.338 83	0.000	3.428 8	4.771 2
	FF	1.150 00*	0.338 83	0.001	0.478 8	1.821 2
	IG	−0.025 00	0.338 83	0.941	−0.696 2	0.646 2
	RE	1.025 00*	0.338 83	0.003	0.353 8	1.696 2
FF	TI	2.800 00*	0.338 83	0.000	2.128 8	3.471 2
	TS	2.950 00*	0.338 83	0.000	2.278 8	3.621 2
	PE	−1.150 00*	0.338 83	0.001	−1.821 2	−0.478 8
	IG	−1.175 00*	0.338 83	0.001	−1.846 2	−0.503 8
	RE	−0.125 00	0.338 83	0.713	−0.796 2	0.546 2
IG	TI	3.975 00*	0.338 83	0.000	3.303 8	4.646 2
	TS	4.125 00*	0.338 83	0.000	3.453 8	4.796 2
	PE	0.025 00	0.338 83	0.941	−0.646 2	0.696 2
	FF	1.175 00*	0.338 83	0.001	0.503 8	1.846 2
	RE	1.050 00*	0.338 83	0.002	0.378 8	1.721 2
RE	TI	2.925 00*	0.338 83	0.000	2.253 8	3.596 2
	TS	3.075 00*	0.338 83	0.000	2.403 8	3.746 2
	PE	−1.025 00*	0.338 83	0.003	−1.696 2	−0.353 8
	FF	0.125 00	0.338 83	0.713	−0.546 2	0.796 2
	IG	−1.050 00*	0.338 83	0.002	−1.721 2	−0.378 8

* 均值差的显著性水平为 0.05。

由表 4-7 中的统计结果可以得到：阶段 TI 和 TS 之间的 $p = 0.659 > 0.05$，即受试者在阶段 TI 和 TS 的认知负荷不存在显著差异；同理根据多重比较分析表可知，受试者在阶段 PE、IG 的认知负荷不存在显著差异，在阶段 FF、RE 的认知负荷不存在显著差异；而阶段 TI 与 PE、TI 与 IG、TS 与 PE、TS 与 IG 之间均存在显著性差异，阶段 PE 与 FF、IG 与 RE 也存在显著性差异。与此同时，结合表 4-4 中各阶段上认知负荷的均值大小可得到以下结论：在学术检索过程的

6 个任务阶段中，阶段 PE、IG 上的认知负荷显著高于 TI、TS、FF、RE 阶段上的认知负荷，阶段 FF、RE 上的认知负荷显著高于阶段 TI、TS 上的认知负荷。

4.3.2　学术搜索过程中认知负荷行为分析结果

本实验中采用的客观评定方法主要是任务绩效测量法。

任务绩效测量法是一种直接、客观的测量方法，任务绩效测量法所使用的时间指标和成绩指标是用户真实认知负荷的一种有效反映。在前人的研究中，研究者一般采用成绩指标来评估认知负荷，但本实验的搜索任务性质并不适用于成绩指标，因此，使用时间指标来衡量。数据在录屏软件 Morae Recorder 记录的文件中提取，通过对学术搜索实验不同任务阶段的时间数据进行整理，得出每个阶段的持续时长及其他行为数据，如点击、标注等。

1. 受试者在 ISP 6 个任务阶段的反应时间分析

测量的任务阶段的持续时间的离散值用于评估阶段内的平均认知负荷，并评估一段时间内的峰值负荷。反应时间与用户的认知能力、任务阶段的认知需求相关。本书对认知负荷的客观定量评估主要使用持续时长这个指标。Kirschner（2002）的研究表明，任务越难，完成任务时所需要的认知资源越多，从而给学习者带来的认知负荷越高，反应时间也就越长；任务越容易，完成任务时所需要的认知资源越少，从而给学习者带来的认知负荷越低，反应时间也就越短。我们对认知负荷的客观定量评估主要使用持续时长这个指标。

通过 Morae Recorder 软件记录用户在信息检索过程中 6 个不同任务阶段的持续时长数据。根据记录的数据可以分析得到受试者在信息检索过程中不同认知阶段的完成时间情况（表 4-8）。

表 4-8　受试者在信息搜索过程不同任务阶段的用时情况

任务阶段	N	均值	标准差	均值的 95%置信区间		极小值	极大值
				下限	上限		
TI	20	27.718 0	23.364 94	16.782 9	38.653 1	3.95	98.33
TS	20	37.630 0	15.800 60	30.235 1	45.024 9	7.95	63.04
PE	20	1 619.135 5	1 108.367 16	1 100.403 7	2 137.867 3	472.78	5 439.76
FF	20	888.782 0	697.939 26	562.136 4	1 215.427 6	192.48	2 874.43
IG	20	1 585.409 0	949.531 85	1 141.014 4	2 029.803 6	312.51	3 352.76
RE	20	941.731 0	519.790 89	698.461 4	1 185.000 6	123.65	2 041.94
总数	120	850.067 6	936.844 67	680.725 8	1 019.409 3	3.95	5 439.76

从表 4-8 中可以看到 6 个任务阶段的完成时间均值依次为 27.7180、37.6300、1619.1355、888.7820、1585.4090、941.7310，6 个任务阶段完成时间均值大小排序为 t(PE)＞t(IG)＞t(RE)＞t(FF)＞t(TS)＞t(TI)，其中聚焦探索阶段（PE）的反应时间最长，理解任务形成模糊信息需求阶段（TI）反应时间最短；总的来说，受试者在 6 个任务阶段完成任务所花时间先在第 3 阶段达到最大值，然后在第 4 阶段减小，接着在第 5 阶段所花时间又出现较明显的增加。受试者在第 3 和第 5 阶段完成任务所花时间的均值明显高于其他 4 个任务阶段完成任务所花的时间，在第 1 和第 2 阶段完成任务所花的时间明显低于其他 4 个任务阶段完成任务所花的时间。

6 个任务阶段的标准差分别为 23.364 94、15.800 60、1 108.367 16、697.939 26、949.531 85、519.790 89，其中完成第 3 阶段的任务所需时间波动最大，分析造成这种现象的原因可能是不同的受试者之前掌握的知识结构不同对搜索任务主题认知能力不同，所以在搜索的探索阶段，为了获取足够的信息所经过的路径较长（较多的重构检索式、阅读结果列表、下载文献）。不同的受试者对于“获取足够的信息”的定位也有所不同，对自己的检索能力比较自信的受试者可能会更快地达到自己期望的结果水平，而稍显不自信的受试者检索过程更长、花费时间更久。此外，不同的受试者认知水平不同，从检索结果中快速反馈吸收到相关信息的能力不同，有的受试者可以快速捕捉到有效信息，而有些受试者则历时较长。这些因素都可能是造成 PE 阶段反应时间方差大的原因。

通过对 6 个任务阶段的完成时间的测量，已经得到不同阶段完成时间的排序。下面通过方差分析去进一步检验各个阶段之间的完成时间是否存在显著性差异，从而确定各个阶段完成时间的排序。首先进行方差齐次性检验，如表 4-9 所示。

表 4-9　各阶段认知负荷指数方差齐次性检验二

Levene 统计量	df1	df2	显著性 p
11.969	5	114	0.000

从检验结果中可以看到 $p = 0.000 < 0.05$，即方差齐次性检验显著，进行比较的各组之间的方差不满足齐次性。

考虑将原始的完成时间进行对数转换，使其满足方差齐次性，再进行方差分析，转换后方差齐次性检验如表 4-10 所示，可知转换后的数据满足方差齐次性，所以继续进行方差分析得到如表 4-11 所示的结果。

表 4-10　各阶段认知负荷指数方差齐次性检验三

Levene 统计量	df1	df2	显著性 p
0.800	5	114	0.552

表 4-11　不同任务阶段受试者完成时间的多重比较

（*I*）阶段	（*J*）阶段	均值差（*I*–*J*）	标准误	显著性 *p*	95%置信区间	
					下限	上限
TI	TS	–0.481 35*	0.209 53	0.023	–0.896 4	–0.066 3
	PE	–4.179 73*	0.209 53	0.000	–4.594 8	–3.764 6
	FF	–3.509 93*	0.209 53	0.000	–3.925 0	–3.094 8
	IG	–4.112 55*	0.209 53	0.000	–4.527 6	–3.697 5
	RE	–3.627 07*	0.209 53	0.000	–4.042 2	–3.212 0
TS	TI	0.481 35*	0.209 53	0.023	0.066 3	0.896 4
	PE	–3.698 39*	0.209 53	0.000	–4.113 5	–3.283 3
	FF	–3.028 58*	0.209 53	0.000	–3.443 7	–2.613 5
	IG	–3.631 20*	0.209 53	0.000	–4.046 3	–3.216 1
	RE	–3.145 72*	0.209 53	0.000	–3.560 8	–2.730 6
PE	TI	4.179 73*	0.209 53	0.000	3.764 6	4.594 8
	TS	3.698 39*	0.209 53	0.000	3.283 3	4.113 5
	FF	0.669 80*	0.209 53	0.002	0.254 7	1.084 9
	IG	0.067 18	0.20953	0.749	–0.347 9	0.482 3
	RE	0.552 66*	0.20953	0.010	0.137 6	0.967 7
FF	TI	3.509 93*	0.209 53	0.000	3.094 8	3.925 0
	TS	3.028 58*	0.209 53	0.000	2.613 5	3.443 7
	PE	–0.669 80*	0.209 53	0.002	–1.084 9	–0.254 7
	IG	–0.602 62*	0.209 53	0.005	–1.017 7	–0.187 5
	RE	–0.117 14	0.209 53	0.577	–0.532 2	0.297 9
IG	TI	4.112 55*	0.209 53	0.000	3.697 5	4.527 6
	TS	3.631 20*	0.209 53	0.000	3.216 1	4.046 3
	PE	–0.067 18	0.209 53	0.749	–0.482 3	0.347 9
	FF	0.602 62*	0.209 53	0.005	0.187 5	1.017 7
	RE	0.485 48*	0.209 53	0.022	0.070 4	0.900 6
RE	TI	3.627 07*	0.209 53	0.000	3.212 0	4.042 2
	TS	3.145 72*	0.209 53	0.000	2.730 6	3.560 8
	PE	–0.552 66*	0.209 53	0.010	–0.967 7	–0.137 6
	FF	0.117 14	0.209 53	0.577	–0.297 9	0.532 2
	IG	–0.485 48*	0.209 53	0.022	–0.900 6	–0.070 4

* 均值差的显著性水平为 0.05。

由表 4-11 可知，第 1 阶段完成时间与第 2～6 阶段比较的显著性 p 值分别为 0.023、0、0、0、0，均小于显著性水平 0.05，所以第 1 阶段与其他阶段的完成时间之间存在显著性差异。同理，第 2 阶段与其他阶段的完成时间之间也存在显著性差异；第 3 阶段与第 5 阶段之间 $p = 0.749 > 0.05$，即第 3 阶段与第 5 阶段完成时间不存在显著性差异，而与其他阶段完成时间均存在显著性差异。第 4 阶段与第 6 阶段之间 $p = 0.577 > 0.05$，即第 4 阶段与第 6 阶段的完成时间不存在显著性差异，而与其他阶段相比完成时间均存在显著性差异。

由均值差可以得到第 3、第 5 阶段完成时间＞第 4、第 6 阶段完成时间＞第 2 阶段完成时间＞第 1 阶段完成时间。结合描述性统计分析中各个阶段的完成时间均值，可以认为，受试者在阶段 PE 的认知负荷最大，在第 1 阶段（TI）和第 2 阶段（TS）认知负荷相对较小。

2. 认知负荷指数和持续时长的相关分析

为了检验主观测量法和任务绩效法两种不同测量方法得到的学术搜索过程中 6 个不同任务阶段用户认知负荷结果是否具有一致性，将主观指标（认知负荷指数）与客观指标（持续时长）进行 Pearson 相关分析。

结果表明，主观指标与客观指标的相关系数 $r = 0.630$，介于 0.459 和 1.000 之间，且均高于 0.30。$p < 0.01$ 时，统计学意义显著（表 4-12）。所以主观指标和客观指标结果一致性较好。

表 4-12　认知负荷指数与完成时间相关性分析

参数		完成时间	认知负荷指数
完成时间	Pearson 相关性 r	1	0.630**
	显著性（双侧）		0.000
	N	120	120
认知负荷指数	Pearson 相关性 r	0.630**	1
	显著性（双侧）	0.000	
	N	120	120

** 在 0.01 水平（双侧）上显著相关。

对主观测量法和客观测量法得到的结果求算术平均数，得到学术搜索过程中 6 个不同任务阶段用户的认知负荷变化规律如图 4-1 所示，其中用户的认知负荷在 PE 阶段达到峰值。

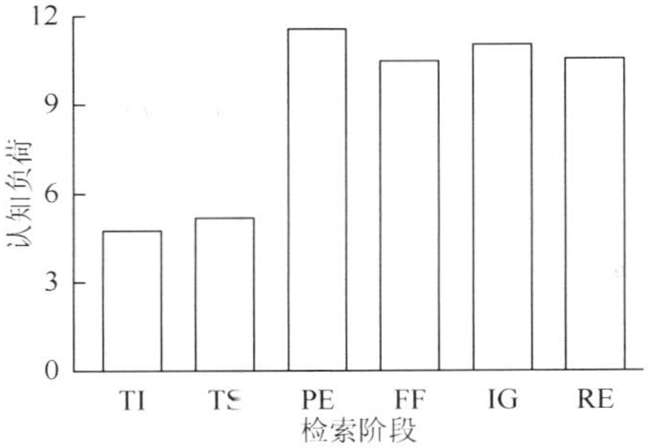

图 4-1　学术搜索过程中不同任务阶段用户认知负荷变化

4.3.3　认知负荷峰值阶段的识别

4.3.1 节和 4.3.2 节的分析结果表明：在整个学术搜索过程中的不同任务阶段，用户的认知负荷水平有显著的差异，受试者在 TI 阶段和 TS 阶段的认知负荷处于学术搜索过程中的较低水平，显著低于学术搜索过程中的后 4 个阶段（PE、FF、IG、RE），p 值均小于 0.0001。因此，在此略去前两个阶段（TI、TS），不参与学术搜索过程中不同阶段用户的认知负荷峰值的比较。

此外，根据 4.3.1 节和 4.3.2 节的分析可以认定学术搜索过程中受试者在 PE 阶段的认知负荷最重，达到峰值。学术搜索过程中不同任务阶段持续时长的显著性检验显示，持续时间在 PE 阶段比 FF 阶段明显较长（$p = 0.002$），IG 阶段的持续时长也比 FF 阶段明显较长（$p = 0.005$），PE 阶段的持续时长比 RE 阶段（$p = 0.010$）也明显较长，IG 阶段也比 RE 阶段（$p = 0.022$）明显较长（表 4-13）。PE 阶段和 IG 阶段的从样本统计检验上的差异虽然并不显著，但是 PE 阶段的均值显著高于 IG 阶段的均值，因此在整个学术搜索过程中，受试者在 PE 阶段的认知负荷最高，达到峰值，其次是 IG 阶段。

表 4-13　不同任务阶段认知负荷显著性检验

认知负荷水平	显著水平
PE 阶段比 FF 阶段认知水平高	$p = 0.002$
PE 阶段比 RE 阶段认知水平高	$p = 0.010$
IG 阶段比 FF 阶段认知水平高	$p = 0.005$
IG 阶段比 RE 阶段认知水平高	$p = 0.022$

从图 4-1 也可以观察出，在学术搜索过程的 6 个不同任务阶段中的第 3 阶段

（PE），用户认知负荷最重。研究发现，不同任务阶段可以通过任务持续时长（包含鼠标键盘活动）区分。为了证实任务阶段持续时间的延长表示认知负荷的提高，查看了总键盘活动是否与 IG 阶段和 PE 阶段持续时间相关，研究发现没有显著相关。因此，较长的持续时间可以认为是由认知过程引起的，而不是机械活动（打字、键盘和鼠标之间的切换）。PE 阶段的持续时间最长，表示该阶段受试者认知负荷主要来源于用户的认知构建过程。

4.3.4 学术搜索过程中认知负荷较重的内在原因分析

来自访谈和实验数据分析的结果一致，所有的受试者均表示此次学术搜索实验的 6 个任务阶段划分与自己平时进行学术搜索的过程比较一致。研究发现，在学术搜索过程中的 6 个不同任务阶段，用户的认知负荷有显著差异，相比 FF 阶段和 RE 阶段，在 PE 阶段和 IG 阶段，用户的认知负荷显著较高。学术搜索过程的初始两个阶段，即 TI 阶段和 TS 阶段，受试者的认知负荷显著低于后面的 4 个任务阶段。

根据受试者实验后的访谈以及 Morae Recorder 软件记录的受试者在 6 个不同任务阶段的行为进行分析，本书试图揭示出学术搜索过程中的 PE 阶段和 IG 阶段用户认知负荷较重的原因。

1. PE 阶段查询重构的困难

在 PE 阶段，根据初始查询式返回的结果列表，受试者开始进行广泛而深入的探索学习，表现出了比较频繁的查询式重构，扩大他们的搜索范围，点击、浏览结果列表及下载文献行为。PE 阶段要求用户在获得足够信息后即可停止下载文献，结束该阶段。用户在接收到系统返回的初始查询式结果列表后，均倾向以综述性文献进行下载学习，对主题形成基本的认识。一段时间后，使用有关互联网金融主题的某一具体方面的检索式，如互联网金融监管、互联网金融模式、互联网金融风险等。

访谈中，80%的用户表示，在执行该学术搜索任务的 6 个任务阶段中，PE 阶段相对来说更困难。因为受试者在初始两个阶段只是开始意识到自己的信息需求，在 PE 阶段则需要通过不断输入并重构检索式，与检索系统频繁交互，逐步明晰自己在该搜索主题下的信息需求并构建该主题下的认知结构图。受试者表示在一开始的搜索过程中，要给出合适的检索式以准确得到想要的结果并不那么容易，甚至可以说是一个比较曲折的过程。对受试者来说，为得到更多的任务主题下的相关文献而更换准确的检索词是其中比较困难的部分，大部分受试者表示不会使用 CNKI 的提示词，更多情况下是自己通过浏览检索结果来寻找合适的词语。只有很少一部分受试者使用了 CNKI 搜索栏的提示词，大部分表示不使用该提示词是因为感觉所提供的词语不太准确，对于搜索到主要相关的内容没有太大帮助。“有的给的联想词完全不相关，看起来很奇怪，平时在自己的搜索中也基本不会使用提示的联想词”（S3）。也有用户表示 CNKI 的提示词会给人很不可靠的感觉，“其中有一次使用系统提示的联想词，然而返回结果为 0”（S7）。

在这个阶段，20 名受试者共输入 89 次检索词，每名受试者平均使用了 4.45 个关键字。受试者表示重构检索式是比较困难的一个地方，主要是自己通过浏览检索结果来提取合适的词语，其中又以从检索结果文献的标题、摘要中提取得较多。“我更换的检索词主要是根据文献的标题，如果让我凭空想出合适的检索词太困难了”（S2）。S2 明确指出，人们需要找到“正确的”关键字来成功完成搜索。但在学术搜索系统里使用关键字马上找出自己需要的类型的文献有时候很困难。如 S17 所说：“它（学术搜索系统）很难理解，比较难找到正确的关键词。”“在第 3 阶段，我正在集中更多注意力、记忆力，而且我也很有压力，因为我不特别确定我在做什么，我能找到什么”（S12）。

此外，访谈中发现，几乎所有受试者在 PE 阶段已经对任务主题下的主要研究内容有了一个宏观掌握。通过一系列的检索、下载迭代之后，受试者表明，通过不断地获取信息，逐渐对任务主题加深理解，形成该主题主要研究内容的知识框架。在此阶段结束时，受试者均表示对该主题已形成较为清晰的认识，对主题下的主要研究内容框架有比较清楚的了解。“第 3 阶段开始时，我对今天的搜索主题认识还很模糊，但第 3 阶段结束时我对这个主题下涵盖的内容及主要研究进展已经有了大致的了解”（S6）。“在第 3 阶段我建立了关于这个主题的研究内容的大致框架图，之后就是进入一个细化了解的阶段了”（S11）。在这一阶段，受试者呈现出强认知交互的特点，通过迭代检索，不断获取并补充信息，更新大脑中构建的知识结构。

2. IG 阶段认知建构的困难

在 IG 阶段，用户主要行为表现为精读文献并从文献中高亮、标注、摘录相关的信息语句，是一个分类抽取信息加工的阶段。在这一阶段，用户基本都会打开之前保存的重要文献，仔细阅读并从文献中提取重要信息，摘录下来，所有的用户在这一阶段均表现出了信息标注行为。访谈中了解到，在此阶段开始时，用户对主题下的框架已有了模糊的认识并获得了大量粗糙的信息，通过阅读下载的文献，对文档中的语义内容进行分析、比较、辨别，探索各知识节点间的关联，并从原始的大量信息中精炼萃取，形成自己的知识框架。然后，根据自己的知识框架将文档进行归类，在同类别文档中通过文档的知识结构、权威性等与文献质量有关的标准筛选出重要文献。所有受试者均基于自己已形成的知识框架和最初的信息需求，精读重要文献，从文献中挖掘能满足自己信息需求的知识、语句进行标注记忆，并横向进行比较，对知识结构进行查漏补缺。在该阶段结束时，用户均表示对于任务问题结构形成了比较清晰和详细的认知，在之前的宏观框架上有了比较纵深的认识发展，构建出较为完备的知识结构。

相比 PE 阶段，IG 阶段更多的困难是来自用户自己对信息的解读，取决于个人原有的相关知识储备，受认知分析归纳能力、逻辑推理能力、图式理解能力以及自身学术能力差异的影响。从这个角度来看，学术搜索系统在这个阶段能提供的帮助很有限。实际上，CNKI 注意到这个问题并在文献结果页面提供了“文献分类导航”这个功能，试图能给予用户一定的支持。然而，在访谈中发现，很多受试者并不清楚这个功能，更谈不上使用。这也说明了 IG 阶段是用户对信息进行抽取加工内化成知识的一个阶段，外界可以提供的帮助非常有限，因为对不同的学术搜索用户来说，看待问题的角度不一定相同，对信息的组织没有标准的分类方法。

综上所述，来自受试者访谈的数据和受试者在学术搜索过程中不同阶段的行为表现结果一致，即在整个学术搜索过程的 6 个不同任务阶段，受试者在 PE 阶段和 IG 阶段的认知负荷较高。PE 和 IG 阶段都与搜索者的词语生成有关，在这些阶段，受试者构建了查询式或相关文档标注（标签）。相比 IG 阶段，受试者在 PE 阶段感受到的心理努力更多，认知负荷更重，可能的原因是在 PE 阶段受试者对任务主题的认知是一个“从 0 到 1”的过程，而在 IG 阶段，用户进行的打标签工作是一个从粗到细的过程。PE 阶段的高认知负荷是搜索者对内部心理过程的直接关注引起的，也就是说认知构建。搜索者需要额外的工作记忆“插槽”，用于从长期记忆中调用术语，并且用于保存来自之前看到的文档的工作记忆信息。

4.4 小　　结

本章通过对信息搜索过程不同阶段的认知负荷进行测量评估，以此作为一种从认知负荷的角度对信息搜索进行表征的方法，从而对用户的信息搜索过程有更好的了解。我们实施了一个用户实验研究，并综合采用主观量表法、任务绩效法对用户在信息搜索过程不同阶段的认知负荷变化进行了定性及定量分析。

通过研究发现，学术搜索过程中用户认知负荷在 6 个不同的任务阶段具有显著的差异。具体来说有以下几点：①与 FF 阶段和 RE 阶段相比，在涉及词语生成的 PE 阶段和 IG 阶段，受试者的认知负荷显著较高。②相较于 FF 阶段，IG 阶段要求用户付出更高的心理努力。此外，在 CNKI 界面中以结果类别形式添加到搜索结果列表中的语义信息在 PE 阶段减少了用户的认知心理需求。

对信息搜索过程中不同阶段认知负荷不引人注意的动态变化进行测量评估，有助于理解用户信息搜索的心理努力程度。了解其认知负荷的动态变化对于获取信息搜索过程的完整构图有助于指导信息检索系统的设计。例如，启示搜索系统的服务功能和交互设计，及时为用户提供可行的帮助以降低其心理努力，提升学习绩效。

第 5 章　面向认知建构的信息检索框架模型

5.1　认知建构相关理论

从认知建构视角出发的交互式信息检索模型建构以认知建构相关理论作为理论基础。其中，建构主义理论是研究的理论基石，故下面先对建构主义理论进行阐述，然后对建构主义理论涉及的核心概念——认知结构进行解析，重点描述知识心理表征的图式理论以及语义网络模型，最后对信息检索情境下的意义建构理论进行探析。

5.1.1　建构主义理论

建构主义理论是认知心理学派中的一个分支。建构主义从许多视角对传统认识论进行了反思，形成了多种不同的流派，其中以皮亚杰（Piaget）为代表的认知建构主义和以维果斯基（Vygotsky）为代表的社会建构主义最具影响力，代表了建构主义的主流观点。

建构主义理论虽然具有不同的流派，但其核心观点是一致的：其一，强调学习的主动性。学习者是具有主观能动性的主体，学习者在学习过程中，不是被动地接收外界的刺激，而是主动搜集信息并建构有关意义。其二，强调认知主体的知识和经验。在学习的过程中，学习者根据已有的知识经验进行认知建构，即用已有的知识经验去解释现象和作出推理，并对该过程进行反思。其三，强调学习的情境性。学习者的学习过程是处在某种学习情境中的，有意义的学习情境能更好地对学习者的学习发展起到支持和促进作用。其四，强调学习是一种“建构”活动。意义建构是学习的最终目标，学习者通过判断、过滤、分析事物的性质、规律，通过解读概念以及概念之间的关系，在大脑中建构关于知识的理解与意义。简而言之，建构主义理论的核心可以概括为：以学习者为中心，强调学习者在一定情境下，基于已有的认知，对知识的主动探索、主动发现和对所学知识意义的主动建构过程。

与本书最为相关的是皮亚杰的认知建构主义理论。他通过长期对儿童智力发展的研究，得出儿童在与外界环境进行交互的过程中，逐渐构建起大脑关于外部的认知世界，从而使自身认知结构得到发展的结论。他特别强调了认知结构发展的建构性特点（皮亚杰，1981），认为认知是一种以学习者本身已有的知识经验为基础的主动建构。按照皮亚杰提出的著名的“同化-顺应”理论，认知发展受三个过程的影响：同化、顺应和平衡。同化是指学习个体对刺激输入的过滤或改变过程。也就是说，个体在感受刺激时，利用原有的旧知识吸收新的知识，即添加信息到原有的认知结构中，使认知结构得到丰富和扩展。顺应是指学习个体为适应新刺激的输入，引发认知结构重组和改造的过程。当原有认知结构无法同化外界环境所提供的信息，即产生认知冲突时，个体通过调节原有的认知结构以适应特定的刺激输入。平衡是指学习个体通过同化和顺应的调节作用，认知发展，从一个平衡状态向一个新的平衡状态过渡的过程。同化和顺应是学习个体在吸收所选择的外界刺激时，认知结构发生变化的两种途径或方式。当学习者的认知结构与外部的问题情境相适应，也就是没有刺激反应时，学习者的认知就达到了平衡。前者是认知结构的量变，一般不涉及认知结构性质的改变，而后者是认知结构的质变，涉及修改或者移除原有概念或者概念之间的联系。

用户的信息检索过程就是认知学习的过程，检索过程的最终目的就是进行意义的构建。检索开始之前，用户并不是空着脑袋进入检索情境中的，用户关于检索主题和领域具有一定的知识经验，即便有些问题是用户从来没有接触过的，依靠自身的认知能力也会形成一些预设，这些构成了用户检索学习的认知起点，也就是初始认识结构。而认知建构主义的“同化-顺应”理论表明，人的认知过程不是简单的信息输入、存储和提取，更重要的是包含新旧知识经验的冲突，以及由此引发的认知结构的重组（甘利人和李恒，2006）。因此，在检索学习的过程中，用户不是被动、消极、机械的信息观察者，而是信息的探索者和发现者，用户以原有认知结构作为新知识的生长点，通过发现信息概念和概念之间有效联系的线索，进行主动的意义构建。在整个探索学习的过程中，用户“同化-顺应-同化-顺应”的认知过程循环往复，同时，“平衡-不平衡-新的平衡”在这个过程中也相互交替，当认知结构与检索情境相适应时，认知状态达到最终平衡，检索结束。整个检索过程中，用户在内部认知活动和外部检索行为的共同作用下，通过主动的意义建构不断调整和丰富自身关于检索主题的认知结构。

5.1.2　认知结构相关理论

1. 认知结构与知识结构的区别和联系

认知结构指的是人们头脑记忆中概念之间关系的一种模式（Preece，1976），是人们长时间记忆的有关事物以及事物之间关系的一种提炼和组织。它没有明确的组织结构，是一种假设性的构造。概括性地说，认知结构是人们对外部世界进行感知、加工、记忆和思维等活动后形成的一种观念性的组织结构。认知结构一旦建立就会成为认知发展的起点，新输入的信息会在上面着床生长，经过较长时间就会形成一种扩散和积累的效应。认知结构从内容上讲，指的是已有的知识；从组织特点上来讲，它具有层次概括性（张淑华等，2007）。根据奥苏伯尔的认知同化理论，用户认知结构的形成是基于用户已有的旧知识对新概念进行关联和识别，从而使新概念得到同化，扩展已有的概念，这样新概念与原有概念之间就会形成新的错综复杂的结构，即用户的认知结构（解加平和辛涛，2014）。认知结构使人们能够进行信息的加工处理，并通过与原有知识和经验的联结，对认知结构进行改造、重组，从而构建新的关系模式，识别出新的规则，进一步扩展认知结构的丰富性与包容性（Garner，2008）。

知识结构是指概念以及概念之间的关系形成的一种具有层次性的体系结构，它系统地揭示了知识元素以及知识元素之间的语义关联。其中，知识元素是知识结构最小的组成单元，包括显性知识元素和隐性知识元素（Foss and Pedersen，2003），指的是人们学习并理解到的概念、规则和特征等。知识结构没有绝对统一的模式，但是它具有共通性：其一，知识结构具有整体性。知识结构是一个有机的整体，知识结构的知识元素之间相互联系、彼此依赖，构成一个完整的结构体。其二，知识结构具有动态更新性。知识结构是随着时代的发展不断调整、更新的，在社会不发达的阶段，知识结构较简单，随着社会经济文化的建设，知识结构逐渐增添新的内容，变得更为充实和完善。其三，知识结构具有有序性。知识结构具有从核心到外围、从低到高的层次序列性，也就是说，知识是由浅入深进行积累的，并且是在明确核心知识的基础上，将外围的知识紧密地联系在一起。

认知结构与知识结构的区别主要体现在以下两方面：①属性的区别。认知结构是人们通过学习知识，在头脑中自主建构的认知模式，它是主观的，具有内隐性，并且随着个体的不同表现出个性化差异；而知识结构是社会发展所形成的一种公众认可的、合理优化的知识体系，它是客观的，包含在文档集合中，具有公开性，是一种公共知识。②完备程度的区别。认知结构是由个体在学习的过程中，通过主观能动的认知建构，对外在信息进行吸收和内化后的结果。随着个体学习的推进，认知结构会不断调整、丰富，但由于个体认知的局限性，形成的认知结构最终也会存在不同程度的缺失；而知识结构绝大多数是由信息生产者共同研究、论证的，通过流程或方法论的形式进行组织后形成的知识产品。它能够正确、详尽地描述和解释某一问题情境，其内容是相对完备的。

认知结构与知识结构的联系体现在认知结构与知识结构之间可以相互转化。一方面，用户将隐含在文档集合中的知识结构，经过主观能动的认知改造、重组、建构，内化为自身的认知结构；另一方面，文档集合中的知识结构，由信息生产者将头脑中的认知结构进行外化、加工、组织后生成，即知识结构的生成依赖于认知结构。认知结构在外显过程中，经过无数科学的论证、实践的检验从而发展成合理、完备的知识结构，而个体认知结构经过主观能动的认知建构，吸取文档集合中的知识信息，从而也使得认知结构不断趋于知识结构。故而，可以用如下表达式表示认知结构和知识结构之间的关系：

$$\text{知识结构}\xrightarrow{\text{内化（主体的主观能动性）}}\text{认知结构}$$

认知结构与知识结构两者有所区别却也相互影响，知识结构通过个体主观能动的内化作用转化为认知结构，同时，个体头脑中的认知结构也影响着知识结构的形成。可以看到，认知结构就是人们头脑里的知识结构。

2. 知识的表征

以抽象概念为形式来存储和组织信息的具有内在联系的符号活动，称为知识的表征（梁宁建，2003），它存在于人的整个心理表征系统之中。知识的表征主要就是对认知结构的表征，通过对知识的表征模式进行研究，探讨人类知识的组织方式或人类知识的呈现方式（武秀波，2007），从而把信息检索系统建立在使信息资源的组织结构符合人脑知识表征的基础上，这样的信息检索系统可能是有智力的（Carroll，2008）。问题是，人脑中的知识是以何种形式表征的呢？信息加工的符号取向观点认为，知识表征包括概念、规则、图式、表象等，其中图式理论以及语义网络模型得到广泛认可。

1）图式理论

图式理论是指围绕某一个主题组织起来的以知识的表征和存储方式为基础的认知理论。图式是建构主义理论的一个重要概念，是人脑中已有知识经验形成的网络，可以把它看作语义记忆网络中的一种信息存储结构（Carroll，2008）。个体对事物的感知觉、记忆、思维和理解，在人脑中以知识单元、知识模块或知识系统等组织形式存储下来，而这些单元、模块和系统就是图式。它是由抽象的思维关系构成的心理思维框架，是人们认识事物的基础。

图式控制着人脑对新信息的加工处理过程。人脑受到外界刺激后，就会激活原有的认知图式对新信息进行筛选和处理，输入的新信息与原始图式的联结性越强，就越能得到原始图式的注意，从而有效地把新信息吸收进去，也就是说，新信息的选择取决于原有的认知图式。由于图式表征的知识是抽象后具有概括性的一般意义的知识（李耘，2012），因此，新信息不是原封不动地被输入或同化到认知图式中。新信息被吸收进来后，首先经过抽象概括后存入认知框架中，然后经过整理、归类、组织从而调整或完善围绕某一主题的知识系统，最后将该知识系统即调整后的图式存储在大脑的长时记忆中。这一过程包含对新信息的同化或顺应过程，即对原有知识结构的调整或重组。可以看到，图式能帮助个体进行有意义的学习，通过整合、加工新旧知识，从而构建知识系统或知识单元。

图式理论强调过去知识和经验的重要性（Russell et al.，1993）。个体原有的关于任务和领域的知识经验是原始图式形成的基础，也是其进行认知建构的起点。当获得新信息时，学习者在原始图式的组织框架下，对接收到的各种信息、经验、意识、表象等主动进行意义构建，而对原有信息的筛选，以及建构过程中知识的联结、组织和调整等，都与原来的认知图式密切相关。一方面，逻辑性强、结构严谨的图式会促进意义建构；另一方面，原始图式的细节制约着认知结构的发展。因此，个体在学习的初始阶段获取一定的知识和经验是非常重要的。

图式是认知结构的起点和核心，它的形成和变化是认知发展的实质。在信息检索情境下，用户关于信息检索以及领域或主题相关的知识经验等情景会在大脑中形成一个初始的相关信息进行加工处理的认知图式，相当于一个框架结构，而抽象的图式和具体的知识结构共同组合形成的心理知识体系则是用户的原有认知结构。用户在检索学习的过程中，依据原有图式对新信息进行同化或顺应的加工，在这个过程中，用户的认知图式调整适应，与此同时，认知结构在图式的组织框架下不断进行知识的建构与活化。因此，关于图式和认知结构的关系可以概括为：图式是认知结构的组织框架，认知结构必须通过图式进行构造，良好的图式建构过程也是关于某个主题的认知结构不断完善和丰富的过程。

2）语义网络模型

语义记忆是用户认知结构形成的基础，在人的记忆中，是有关人脑对事物认知后，形成的一些概念和概念之间关系的集合，这些概念和关系形成的错综复杂的网络，就是语义网络。语义网络模型是关于知识的有效表征和利用的模型，其中以层次语义网络模型和激活-扩散模型最具代表性。

层次语义网络模型是由 Collins 和 Quillian（1969）在其博士论文中提出的，该模型认为，人脑中的知识可以表征为概念与概念之间相互关联后形成的一种层级网络结构。在这种结构中，概念本身存在一定的属性或特征，概念与概念之间存在一定的语义联系，并且概念的属性或特征与关联概念的属性或特征存在一定的继承或包含关系（梁宁建，2003）。如图 5-1 所示，是有关层次语义网络模型的局部示例图，在模型中，概念按照语义关系分层排列，每个下级概念都从属其上一级概念的特征，从属概念用“是一种”来标识，如“鸟”是一种“动物”，“鲑鱼”是一种“鱼”。此外，每个概念都具有一个或多个属性或特征，如鱼有“鳍”、鱼会“游泳”、鸟有“翅膀”等。

层次语义网络模型通过层级网络形式，比较简洁清晰地标识了概念与概念之间的逻辑关系，某种程度上反映了人脑认知结构的状态。但是，模型中涉及概念之间联系的种类太少，不能有效地表征概念与概念之间的横向联系、交叉联系等，存在一定的不足。

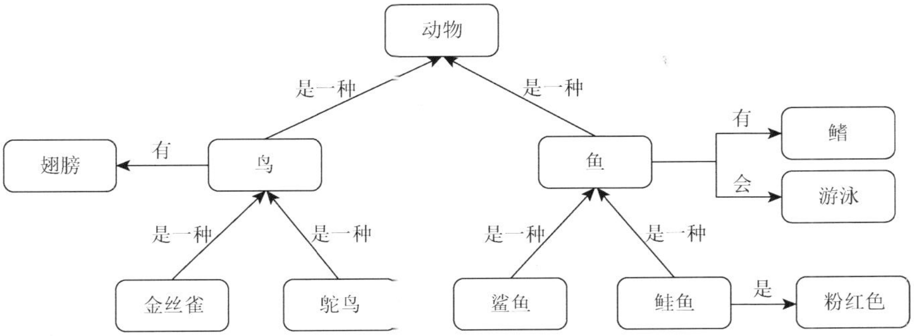

图 5-1　层次语义网络模型

为了弥补层次语义网络模型存在的欠缺，Collins 和 Loftus（1988）修正并发展出了一种新的概念知识模型，称为激活-扩散模型。该模型认为，放弃了概念的层次结构，而以语义联系或语义相似性将概念组织起来，个体知识的组织和存储是以一种启发式的方式进行关联扩展的。它放弃了层次表征的思路，认为知识以概念网络的形式进行存储，当概念出现的时候，语义记忆中相应的概念节点就被激活，以被激活的概念为基点，关联概念也会被唤醒，然后概念节点就开始扩散，由此形成一个激活概念网络。如图 5-2 所示，当“公共汽车”的概念出现的时候，语义记忆中相应的概念节点如“交通工具”“黄色”等就会被激活，然后以被激

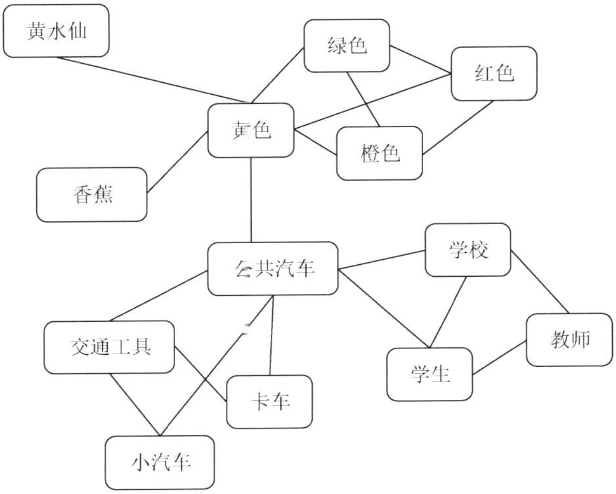

图 5-2　激活-扩散模型

活的概念为基点，激活扩散至其他概念，优先扩散至有紧密语义联系的概念（连线越短，表示语义关联越紧密），如“黄色”—“绿色”、“交通工具”—“小汽车”等。概念的激活扩散特征加速了人脑对事物的认知过程。

激活-扩散模型相较层次语义网络模型而言，没有层次结构的约束，更能说明人类知识存储和组织的特征。它不仅揭示了人脑中知识概念以及概念之间不同程度的语义联系，同时也指出了知识概念激活扩散的认知过程，是一种“人性化的”语义网络模型（梁宁建，2003）。

5.1.3 信息检索情境下的意义建构理论

意义建构理论是美国学者德尔文（Dervin，1989）在建构主义理论的影响下，重新对信息本质、人的主体性以及信息传递过程等问题加以思考（乔欢和周舟，2007），提出的一套问题解决的理论、假设和方法。意义建构理论最初是作为研究信息科学的基本问题被提出来的，后来发展成了一种适用于多学科的“元理论”。在信息搜索与使用情境下，意义建构关注于信息用户在信息检索过程中，主动建构信息意义与判断信息价值的过程，其中，信息的搜索、处理、创造和利用是意义建构活动的核心（Dervin，1983）。

“意义建构”指的是人们对新的信息进行建构，将自身经历赋予意义的过程。这里的“意义”是意义建构过程的产物，它不仅包括知识，还包括能反映人们对问题情境进行解释的其他有价值信息，如感知觉、预感、判断、理解、观点、评价等。意义建构模型由三要素组成：“情境”，指时间和空间；“鸿沟”，指因信息不连续性而形成的理解差距，一般包括意义建构过程中的困惑、焦虑或问题集等；“使用”，指信息对个体的意义。在信息检索过程中，意义建构者在某一问题“情境”中，由于某种认知“鸿沟”的阻碍，不能趋前，而意义建构者需要在意义建构的动态调整中，利用某种“桥梁”将“鸿沟”填平，从而继续意义建构活动，推进信息检索的进程。对信息检索情境下意义建构的理解包括三个层面：①信息检索过程是一种“建构”过程，而不是信息的单向传递；②用户作为意义建构的主体，具有主动性和积极性，应当从用户的角度思考信息的使用问题；③信息检索是发生在不同问题情境下的、一连串解决问题的活动，由于互动的本质、问题的特性而产生多样的情境，因而形成不同的意义建构过程。

德尔文的意义建构理论具有鲜明的建构主义和用户导向的特色，它关注人类情报利用和情报系统的替代手段在不同情境中的发展问题（师宏睿，2003），认为信息系统的建设不应局限于客观世界对信息资源的建设与评价方面，而更应该考虑用户在接收信息时的主观作用。它否认了有关香农和韦伯的信息论在图情领域的适用性，认为外在世界并非计划好、有秩序的对象，信息用户也不是被动、消极的信息观察者和接收者。在信息检索情境中，信息用户通过内部行为（即认知）和外部行为（即过程）进行意义建构，用户由机械被动的观察者变成积极主动的行动者，并且对信息意义产生影响。也就是说，信息检索的实质是一种用户主观建构的行为，用户通过主动的认知建构，赋予知识新的意义。意义建构理论能够更加真实地揭示人在接收信息时的行为本质。

意义建构理论为解决基本的信息问题提供了一种启发式的思路，指导人们如何寻找、解释和设计信息（Savolainen，2010）。由于其继承了建构主义的思想，可以较好地说明在信息搜寻与利用的情境下，学习如何发生，意义如何建构，概念如何形成，信息如何评估和被包含，以及情境的重要影响。意义建构理论为研究用户主导的信息检索提供了一个起点和支撑。后续学者针对意义建构在信息检索情境下的研究进行了更进一步的探索。聚焦用户在检索过程中停止或中断检索行为的问题属性，以及用户在搜索过程中试图克服信息不连续性所采取的策略，Savolainen 和 Kari（2006）通过实证研究，识别出用户信息搜索过程中的 11 种信息“鸿沟”和 13 种搜索策略。该研究证实了意义建构理论作为方法论的作用，同时也将检索过程中的问题情境和解决策略进行了细化。Qu 和 Furnas（2008）基于意义建构的理论框架提出了一种模型驱动的、针对探索式搜索的评价方法，该方法不是针对某个特定系统的评价，而是对新的系统设计可能性的探索。Zhang 和 Soergel（2014）则糅合认知过程以及个体意义建构的机制，提出了一个囊括主要意义建构模型的综合模型，旨在促进人们对意义建构的理解，以及为设计出一个具有辅助意义建构的系统或工具提供支持。可以看到，这些研究针对意义建构理论，从不同方面做了更进一步的工作，但整体来看，缺乏对意义建构理论的系统实践研究，或者说，缺乏在理论指导、过程分析、特征解析的基础上更进一步的实践应用研究。

5.2　信息检索情境下的认知建构模式

用户的信息检索过程就是认知学习的过程，检索过程的最终目的就是进行意义的构建。整个检索过程中，用户在内部认知活动和外部检索行为的共同作用下，通过主动的意义建构不断调整和丰富自身关于检索主题的认知结构。借鉴知识表征的图式理论以及语义网络模型提出了信息检索过程中的认知建构框架，如图 5-3 所示。

在检索中，用户认知建构的关键活动是：首先在检索情境的刺激下，用户调用已存在于大脑中的知识背景以及认知方式，对检索任务以及检索界面元素进行心理描述与理解，由此产生一系列的认知建构过程。在这种心理活动的支持下，用户选择相应的操作行为，并根据结果反馈，思考是否需要改变或维持原有认知结构。这个过程是一个试错的、不断进步的过程，具体如下。

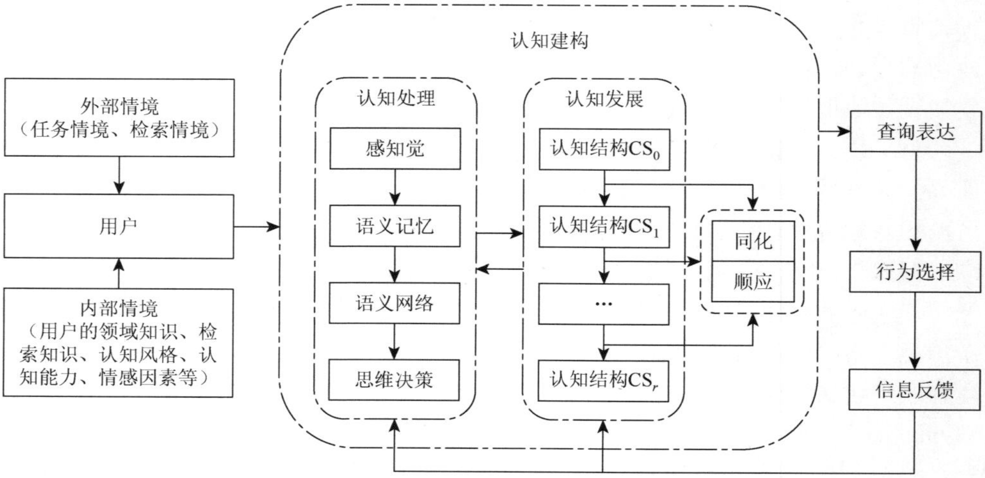

图 5-3　信息检索认知建构框架

（1）外部情境的刺激和内部情境的影响。根据建构主义理论，用户的认知建构都是在一定情境下产生的，当用户对工作任务或兴趣领域的认知出现不确定状态时，用户就会产生信息检索的需求，表现为外在的检索行为和内在的认知建构活动。同时，用户的内部情境（如认知能力、认知风格、情感因素、领域知识等）也会对用户搜索过程产生影响（刘燕君等，2013）。例如，用户接收外界的刺激后，唤醒存储在大脑中的知识或信念体系。用户原有的知识体系形成了刺激反应的认知基础，并且也决定了用户将对外界刺激做出何种反应。

（2）认知建构过程。用户信息需求的刺激来自任务类型及任务阶段，以及任务与用户内部认知结构的交互作用。该认知建构过程包括以下几个基本环节：感知觉过程，通过感知觉系统对刺激进行识别和解释；语义记忆，用户对于知识的理解会以概念符号的形式存储在记忆系统中，用户把当前的信息进行深层次加工，并与以往的记忆进行融合，形成新的记忆网络；语义网络来自记忆网络的节点导出，是关于认知结构的知识表征；思维决策，用户基于当前的语义网络对现有情境进行思考并做出决策。这一系列的认知处理过程决定了用户的认知建构过程和认知建构质量，通过同化和顺应的心理作用，用户的认知不断得到建构和发展。

图 5-4 对用户的认知发展过程做了进一步的解读：检索开始时，用户头脑中感知并激活的所有与主题相关的知识概念构成了用户初始的认知，抽象表示为｛C_1，C_2，C_3，C_4，C_5｝，对应组织有序的初始认知结构为 CS_0，用户通常缺乏相

应的主题知识，此时与主题概念相关的知识节点数量较少，呈现零散无序的分布状态，且各节点之间的联结也比较单一。随着对检索主题的不断学习和探索，用户的认知有所深化，一方面，经过同化作用，其知识盲点受到激活，增加新的知识节点和关联，如 C_6、C_7、C_8、C_9、C_{10}；另一方面，用户意识到原有认知存在的不足，通过顺应作用，进一步修正或重组认知结构，如删除节点 C_5，此时认知结构也得到改善，演变为状态 CS_1。这个过程可能会反复开展直至达到稳定状态，也就是认知平衡状态 CS_r。

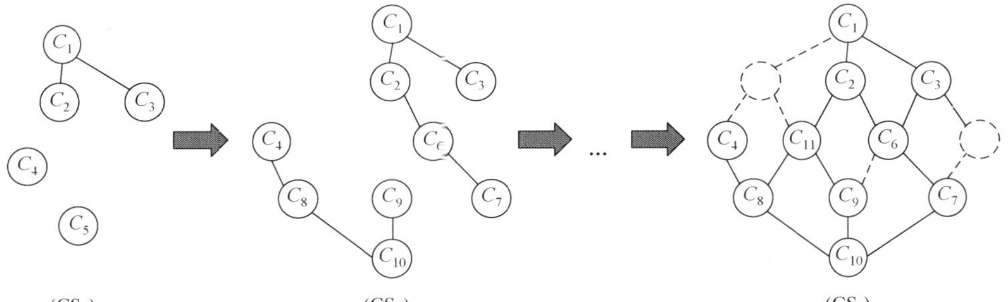

图 5-4　认知发展动态图

（3）信息行为（如确定/修改查询式、点击浏览、相关性判断等）。在一系列心理活动的调控下，用户形成相应的查询表达式，并做出与当前认知相匹配的操作行为，通过结果反馈降低或消除外界环境对用户的刺激强度，从而调节相应的认知建构过程，直至需求满足为止。

5.3　基于认知建构的交互式信息检索模型构建

5.2 节分析了信息检索认知构建框架，介绍了用户在信息检索过程中认知发展动态和一系列复杂的认知操作活动。研究表明，用户的认知操作活动受到个体认知风格、认知能力、情感状态、领域知识与检索经验等因素的影响（具体见本书 3.2 节）。不难发现，无论认知能力、认知风格、情感因素，还是领域知识与检索经验对信息检索的影响都指向一个起点和核心问题，就是词汇选择的困难，体现在主题词的提炼、关键词的选择与查询式的重构，这些是决定搜索成败的直接因素。不仅如此，用户对词汇的记忆和理解，对词汇关系的认知与判断也决定了其构建认知结构的速度和质量。因此，在检索系统模型设计上，重点要解决的问题是如何通过对信息资源的深加工来呈现与用户认知相匹配的界面，促进用户对任务主题词汇的认知和理解，降低认知负荷，缓解检索焦虑，提高搜索效率。

本书从用户的认知建构视角出发，通过对认知结构表征的研究，特别是语义记忆中概念的组织和呈现方式的研究，探索建立使信息资源的组织结构更符合人脑认知的信息检索系统。本书提出融合认知范式和物理范式的交互式信息检索模型，通过交互式知识地图来组织和呈现搜索结果，强化用户与系统之间的双向认知。一方面加强系统对用户需求的潜在刺激和引导；另一方面促进用户对信息空间的理解以及认知结构的建构。

模型整体上分为三大模块（图 5-5）：用户空间层、界面交互层和信息空间层。用户空间层承载着用户在检索过程中的整个认知过程；界面交互层是用户与系统双向交互的平台，一方面，它作为用户接口，接收用户提交的查询请求；另一方面，它将查询匹配后的结果以可交互局部知识地图的形式反馈给用户；信息空间层揭示出信息资源集合内隐含的语义关系及组织。

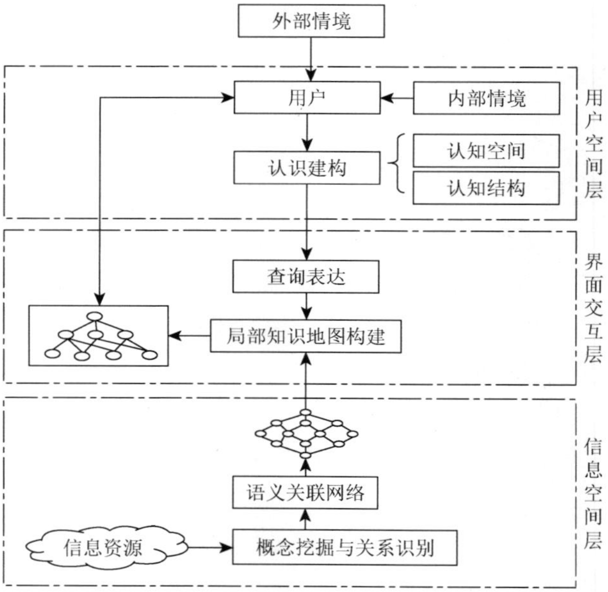

图 5-5　认知建构视角下的交互式信息检索模型

1）用户空间层

用户空间层又称用户认知层，是用户进行认知结构的建构、转换、发展和重建的空间，它反映用户信息检索过程中的意识和思维状态，包含用户的信息需求、用户感知的认知空间以及用户动态构建的认知结构。用户提交的查询式作为该层的输出，界面交互层反馈的局部知识地图是该层的输入。

信息需求是用户受到来自外部情境的刺激（如工作任务）产生的，同时在内部情境（领域知识、检索知识、认知风格、认知能力、情感因素等）的作用下产生初步的信息需求认知，其认知状态包括认知空间和认知结构。认知空间表示用户所能感知到的一系列核心概念的集合，用符号表示为 $CP = \{C_0, C_1, C_2, \cdots, C_k\}$。认知结构是用户头脑中不断建构的核心概念关系组织和表征的结果。认知空间的改变制约着认知结构的发展。在检索过程中，用户的认知发展是一个持续不断建构的过程，表示为 $CS_0 \rightarrow CS_1 \rightarrow \cdots \rightarrow CS_n$ 的动态发展过程。用户每次与局部知识地图的交互都会产生认知状态的变化，也可能会产生新一轮的查询请求，直至用户的信息需求得到满足。

2）界面交互层

界面交互层是系统与用户双向认知的桥梁，它提供有效的交互机制，促进系统与用户之间的双向认知学习。一方面，它是主观认知空间信息表达的接口，接收用户提交的查询词；另一方面，它是信息空间基于语义网络的可视化呈现，根据用户提交的查询式搜索信息空间的语义关联网络（全局知识地图），得到实时反馈的可交互局部知识地图。该知识地图不仅以主题词的形式呈现了相关信息资源的特征，并且以网状关系展示了特征之间的联系。用户可以通过与局部知识地图的交互来探索信息资源空间、聚焦搜索、完善认知结构。

3）信息空间层

信息空间包含信息资源集合、信息资源中所蕴含的知识概念以及概念之间关系的集合，它是信息形式和内容的统一。形式即显性的信息资源，内容则是信息资源集合中隐性的知识概念以及概念之间丰富的语义关系。该层的主要功能是对信息资源集合的隐含知识概念进行挖掘和关联分析，以构建信息资源集合的全局语义关联网络。知识概念的挖掘是指抽取信息资源的语义内容特征，以关键词的形式呈现。知识概念的关系识别是通过关键词的语义关系来构建词汇网络，并通过知识概念的关联将信息资源组织起来，构成一个语义关联网络，也称为全局知识地图，作为信息空间层的输出和界面交互层的输入。全局知识地图是交互式局部知识地图构建的基础。

5.4 模型检验

为评价模型是否达到预期功效，我们以模型为基础设计和开发了原型系统并开展实验研究。原型系统的重点在于：①挖掘文献集合中隐含的知识概念及其关系，实现信息空间的知识挖掘；②构建基于查询式的可交互知识地图，以帮助用户发展认知并快速定位所需资源。

针对文献资源的语义组织与检索问题，Jimeno-Yepes 等（2010）、Kumar 等（2013）提出基于本体的信息检索方法，虽然这种方法在理论上比较成熟，但是由于本体构建成本高、不易更新等问题，本体技术在信息检索领域的应用实践受到很多挑战。而形式概念分析具有严密的数学理论、良好的逻辑推理性和自动化的构建方式，使其在概念挖掘以及概念关系识别方面有独特的优势（毕强和滕广青，2010）。因此，本书采用形式概念分析方法对文献资源进行挖掘和组织。有关数据预处理、隐含概念挖掘及关系识别，以及基于查询式的交互式知识地图建构的具体方法详见第 6 章。

5.4.1　原型系统概览

用户登录系统后，可以在检索框输入检索查询式，如“虚拟社区，知识共享”，系统将查询匹配结果以局部可视化知识地图的形式呈现出来，结果如图 5-6 所示。界面正中间是知识地图，知识地图上的节点概念用圆形表示，概念之间的关系用连线表示，概念的内涵用抽象后的关键词表示，位于圆形上方，概念对应的文献数标记在关键词下方；左侧是知识地图的属性调节按钮以及知识地图当前节点下的子节点描述；右侧显示当前节点包含的文献，与节点上标识的文献数相吻合。

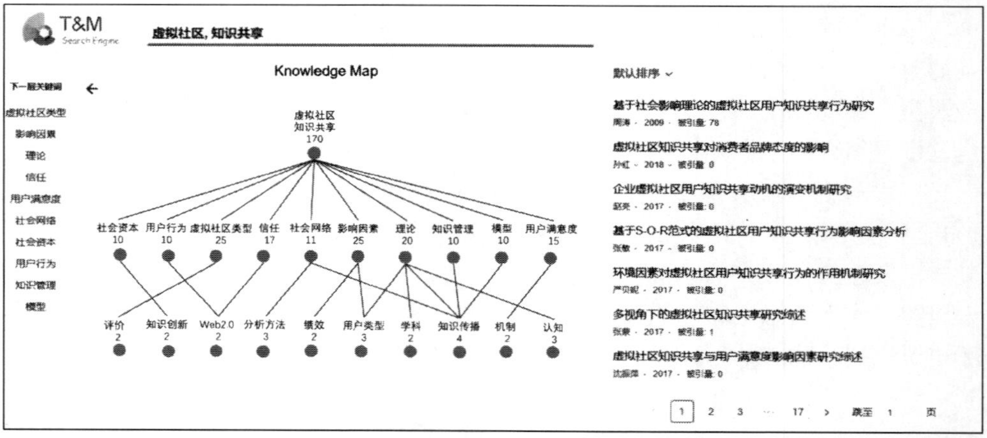

图 5-6　检索结果（1）

用户可以根据自身的需求点击任意感兴趣的节点，获取相应的知识资源，实现检索结果的动态过滤，例如，点击图 5-6 中的“影响因素”节点，知识地图就会进一步细化，显示出所有以虚拟社区、知识共享和影响因素为根节点的局部知识地图，如图 5-7 所示。用户可以进一步点击“影响因素”下面的节点，查看相关文档。

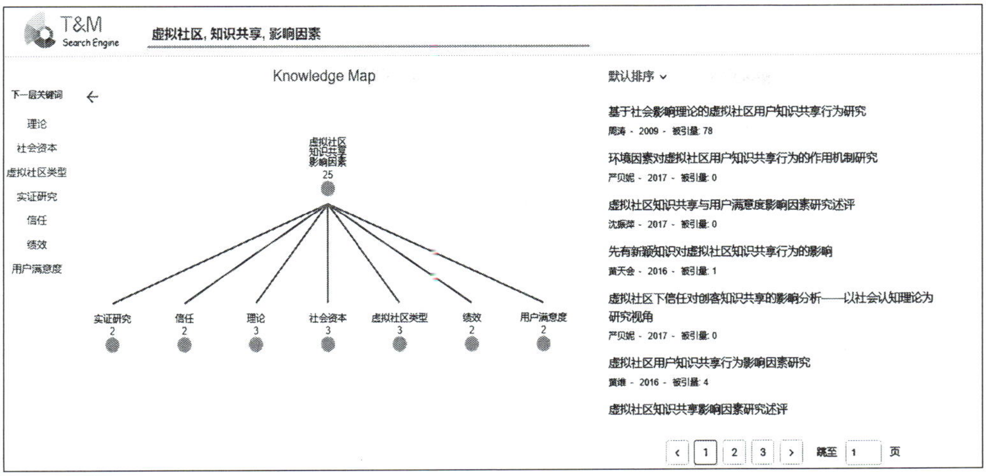

图 5-7　检索结果（2）

5.4.2　实验设计

1. 实验目的

实验研究的目的是评估上面提出的基于认知建构视角下的交互式信息检索模型的可行性、有效性。模型旨在促进用户对信息空间的探索和挖掘，支持用户在检索过程中主动积极的认知建构，最终使用户的认知空间得到发展和优化，用户需求得到满足。

传统的对于检索系统的评估常常被简化为有关准确率和召回率等指标的测量，有时是在不涉及用户的情况下计算出来的，它忽略了用户作为检索主体的积极作用以及用户信息需求的动态迭代性（Pajić，2014）。而认知交互式的信息检索不是简单地定位一个网页或一个文档，它在本质上是认知的（Du and Spink，2011），是一种认知分析过程，由于用户渴望学习、发现和理解知识，通过与检索系统的交互，用户进行主动的意义建构，发展认知结构，最终信息需求得到不断的调整、优化和完善。因此，对于本模型效果的评估，一方面要考察用户认知建构的最终状态或结果，另一方面要关注用户认知发展的过程。前者需要结合检索交互行为、任务完成情况进行评估，属于行为层面，后者属于认知心理层面。也就是说，要评估模型的效果，除了行为层面，关键还要对用户概念层的观念转变或知识内化情况进行考察。基于此，笔者同时从行为和认知心理两方面进行考察，一方面评估用户任务完成的效果，即认知结果的评估；另一方面要追踪用户的认知发展过程是否得到有效的支持和引导，即认知过程的评估。

2. 实验方法

本实验的研究方法主要包括出声思维法、屏幕录制法、访谈法、概念图法。

1）出声思维法

用户在信息检索过程中的认知建构过程是一个内在的、隐性的过程，通过引导用户在检索时将关键行为背后的思考过程说出来，这就是所谓的“出声思维”。本实验让受试者在检索过程中，尽可能地进行思考，并将所见所感及时地表达出来，通过该方法可以抓取用户检索过程中的关键思维节点，对分析用户的认知建构过程具有较大帮助。

2）屏幕录制法

用户在实施检索过程中会留下客观痕迹，通过对这些痕迹的记录可以客观地呈现用户的探索路径及交互过程。行为数据是用户认知变化的外在表现，本实验通过屏幕录制的方法记录用户的实时操作过程，通过对行为数据的分析，对用户的认知结果情况进行辅助说明。

3）访谈法

访谈法试图通过面对面交流的方式对特定问题进行更深入、细致的了解。本实验主要通过问题访谈进一步了解用户检索的心路历程、用户在检索过程中遇到的困难、用户对检索系统的主观评价等方面。

4）概念图法

概念图是针对特定主题的个人内在主观知识结构的一种外显的图式表征方法，它用节点表示概念（知识单元），用连线表示概念之间的关系（知识关联），最终利用组织有序的概念及关系来表示个体头脑中关于某个主题的认知结构。概念图法采取图式的形式将个人头脑中内隐的认知结构进行外显化，有利于研究者进行直观的观察与研究。

对于概念图的评估方法，当前已经有不少学者进行了研究（Ericsson and Simon，1993；Anderson and Demetrius，1993）。这些标准的测量指标并不完全一致，有些评估标准的测量指标划分得更细致，覆盖范围更广，而有些评估标准可能会更简单粗略，根据研究重点而有所侧重。比较通用的指标包括概念节点、概念关系、概念图的层次、复杂完整性和概念图的思考性等。本实验将针对具体任务进行指标的选取。

3. 实验对象

针对实验研究的具体目的，考虑到实验对用户检索过程中认知学习的关注，具备一定搜索经验和学历背景的用户对于检索系统较为熟悉，并且能较为娴熟地运用检索策略对检索主题进行深入、细致的学习，能够很好地避免半途而废、学习片面等情况的发生，因此，实验对象锁定在具有一定检索经验和学历背景的用户。此外，本实验采用对比研究，考虑到用户人群的层次结构较为复杂，为了排除实验中可能出现的干扰因素和无关变量，我们将选择教育经验相似的受试者。因此，本实验共从武汉大学信息管理学院招募 30 名研究生参与实验。年龄分布于 22～26 岁，平均年龄为 24 岁。他们几乎每天使用计算机，每周多次使用 CNKI。

4. 实验任务

信息检索任务类型一般包括两类：一类是事实型检索任务，即在数据库中有相应确定的目的文献，其检索结果是绝对、准确的；另一类是探索型检索任务，即在数据库中针对此类检索任务没有特定的目的文献（韩正彪等，2017）。本实验重点在于验证本模型对于用户的认知建构、认知空间发展是否具有良好的支持和推动效果，而探索型检索往往需要通过与检索系统的多次交互直至满足自己的认知需求为止，是一种重新构建自己认知结构的过程（杨瑜，2016），用户在检索过程中需要不断进行探索和学习，发展自己的认知，因此结合本书的研究目的和现实情况，设置了一个典型的探索型检索任务，该任务呈现如下。

假设你正在学习一门关于知识管理的课程，你对有关虚拟社区中知识共享的研究很感兴趣，想了解主要的研究内容。请通过本系统尽可能多地搜索相关信息并进行学习，在检索过程中请通过出声思维和绘制概念图的方法体现你的认知学习过程，最终形成一个完整的概念图，体现你的学习成果，你需要在 30min 内完成这一任务。

5. 实验流程设计

实验要求受试者相互隔离，单独完成整个实验过程，调查者在旁边进行观察和记录，但是不能干预实验过程。在正式实验前，以两个受试者为例，做预实验，确保实验各项设置的合理性和有效性。具体实验流程如图 5-8 所示。

（1）调查者简要介绍实验的目的和任务，并告知受试者实验流程（约 5min）。

（2）受试者被随机分成两组，调查者分别对两组受试者进行系统操作的说明和培训，受试者熟悉检索环境（约 10min）。

（3）受试者开始检索，调查者启用屏幕录制工具，在检索过程中，受试者需要一边检索一边尽可能地表达自己的想法，并且伴随着检索学习的进行，受试者需要不断绘制、调整概念图，当受试者对自己的学习感到满意或到达规定时间上限时，即停止检索，最终形成一个完善的概念图（小于 30min）。

（4）检索结束后，受试者需要接受访谈（约 10min）。

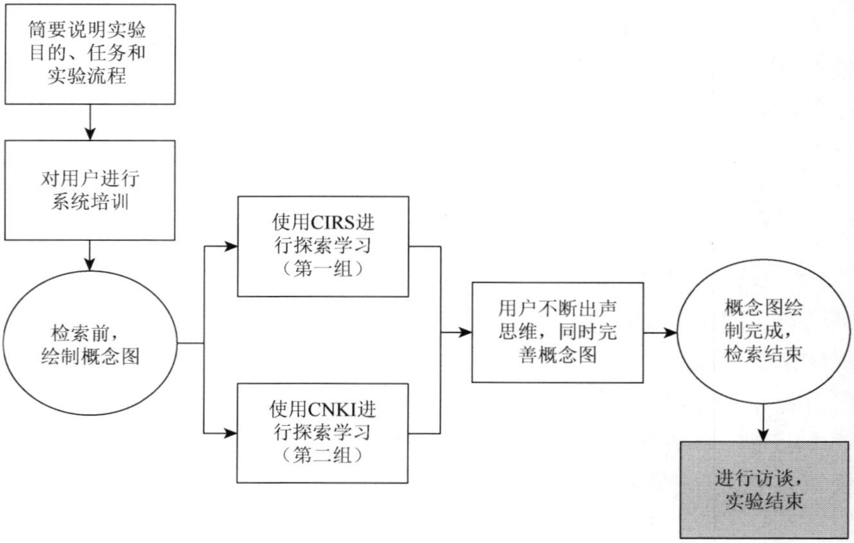

图 5-8　实验流程

6. 数据测量与分析方法

数据测量主要是针对行为层面的任务完成情况和心理层面的认知发展情况进行的测量，行为层面的任务完成情况反映了用户认知的结果，需要结合用户的交互行为进行补充分析，而心理层面的认知发展情况反映了用户认知的过程，认知过程分析是在对认知结果分析的基础上的追因分析。

(1)交互行为与认知结果分析。实验任务是让用户在有限时间内探索学习“虚拟社区中的知识共享”这一主题下的主要研究内容，最终以概念图的形式展现学习成果，由此可知，概念图的完善程度反映了用户任务的完成情况，同时概念图作为衡量用户认知结构的方法（钱敏，2015；朱晶晶，2010）也反映了用户认知结构的完善程度。而检索过程的行为数据，如浏览文献次数能较好地反映用户与文档交互的次数，或者说用户消耗的努力值；而检索时间能反映用户完成任务的效率。因此，对这部分的评价主要采用对概念图进行评分的定量分析方法，同时辅以用户的行为数据（包括检索时间、浏览文献次数）进行补充分析。有关概念图的评价方法因实验任务而有所区别，本实验任务考察的是受试者对主要研究内容的掌握情况，反映在概念图上即概念图的广度和深度。广度通过概念图第二层节点的有效个数（假设第一层是根节点“虚拟社区中的知识共享”）体现；深度通过知识簇（相似概念聚集形成的对同一主题的描述）的数量体现。概念图的评分方式如下：确定概念图第二层的有效节点，对于每个有效节点根据用词的准确性、概括性、规范性进行评分，每个节点 1 分，最高得分为 10 分；对以有效节点为根节点的知识簇的完善程度进行评分，每个知识簇 1 分，最高得分为 10 分；最后对两类得分取平均值，即概念图的最终得分。对于行为数据的记录如下：根据录屏数据统计出受试者从执行检索到停止检索的准确用时以及受试者点击文献的总次数（包括重复点击的文献）。

（2）认知过程分析。由于用户检索学习的过程具有探索性和不确定性，并且用户认知结构的发展是隐性和不易观察的，如何采取合适的方法观测或提取用户认知结构的发展变化是本实验的重中之重。对于这部分的考察主要采用定性分析的方式，通过用户检索过程中的出声思维以及检索结束后的访谈进行关键数据编码分析。首先，将出声思维以及访谈的语音材料转化为文本描述，然后对文本信息进行逐字逐句的密集分析，针对描述中涉及的认知过程（同化、顺应）信息进行提取、比较和分析，得到一批有效概念或自由节点，最后将自由节点进行归类，并对每个类属选取典型描述，形成有序的概念范畴。

实验工具包括火狐浏览器、认知信息检索系统（Cognitive Information Retrieval System，CIRS）、屏幕录像专家 V2017、科大讯飞语音转换工具。V2017 用来记录受试者的操作行为和语言描述；科大讯飞用来对搜集到的语音数据进行文字转换。数据分析工具采用 Excel 软件。

7. 数据搜集

搜集的数据包括：①概念图，受试者最终完善的概念图；②检索过程的屏幕录制及音频录制文件；③检索结束后的访谈数据，主要调查用户在检索过程中的关键思考以及使用系统后的反馈意见或建议。其中，对用户行为层面的分析主要根据概念图和录屏数据进行，对认知过程的分析主要根据音频和访谈数据进行，对用户使用反馈的分析主要根据访谈数据进行。

最终搜集到 30 份音频数据、30 张概念图、30 份录屏数据和访谈数据。将用户及相应的材料进行编号如下：{U1-1, U1-2, U1-3, U1-4, …, U30-1, U30-2, U30-3, U30-4}。其中，U1～U15 代表第一组使用 CIRS 进行实验的用户，U16～U30 代表第二组使用 CNKI 进行实验的用户，U1-1 代表一号受试者的音频材料，U1-2 代表一号受试者的概念图，U1-3 代表一号受试者的录屏数据，U1-4 代表一号受试者的访谈数据，以此类推。

5.4.3 数据分析

1. 交互行为与认知结果数据分析

受试者的交互行为与认知结果数据见表 5-1。

表 5-1 交互行为与认知结果数据

指标	第一组（CIRS）					第二组（CNKI）				
	最小值	最大值	均数	中位数	标准差	最小值	最大值	均数	中位数	标准差
概念图得分/分	5	8	6.7	6.5	0.91	3	7.5	5.5	5.5	1.33
检索时间/min	17	25	21.2	20	2.53	23	25	24.6	25	0.71
浏览文献数量/篇	6	12	8.5	9	1.89	9	15	12.3	12	1.66

1）概念图得分

概念图的得分主要依据概念图的广度和深度进行评定，如第一组 U7 的概念图（图 5-9）得分如下：概念图第二层的有效概念数为 6 个，并且每个概念用词规范、准确，比较能概括该领域大致的研究方向，因此给定基础分为 6 分（最高为 10 分），由 6 个节点分支形成了 7 个知识簇（由虚线椭圆标识），每个知识簇概念丰富，并且能体现该分支核心的研究内容，因此给定扩展得分为 7 分（最高为 10 分），最后概念图总得分为两方面得分的平均值，即 6.5 分；同样可以得到

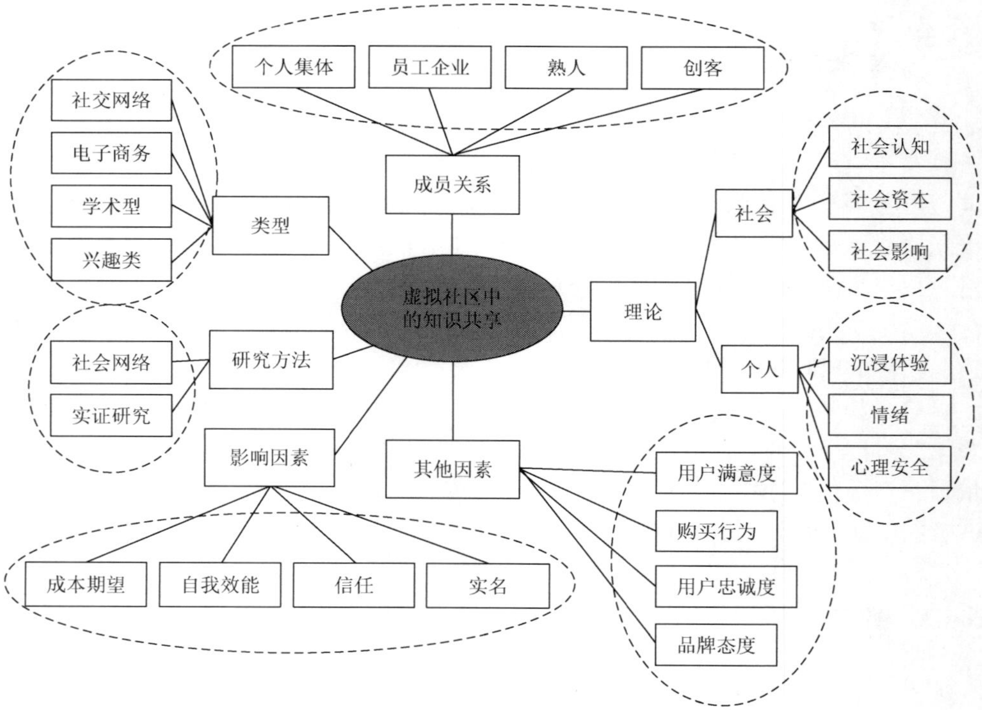

图 5-9 U7 的概念图

第二组 U23 的概念图（图 5-10）得分如下：概念图第二层有效节点数为 5 个，基础得分为 5 分，概念簇为 3 个，故扩展得分为 3 分，总计得分为 4 分。通过对两组概念图进行详细分析，可以明显发现第一组的概念图能比较准确、清晰地把握主要的研究内容，并且层次分明、结构完善；反观第二组，虽然研究内容概括了 5 个方面，但对于“知识管理”和“用户行为”两方面均只有单一的节点，并没有任何分支和有效解释，其余节点如“影响因素”只针对“社会资本”维度进行了描述，没有其他扩展概念，概念图整体显得比较零散和单调。总体来看，7 号受试者比 23 号受试者的概念图更完善，由此可知，7 号受试者的任务完成效果更佳，其认知结构得到了更好的建构。

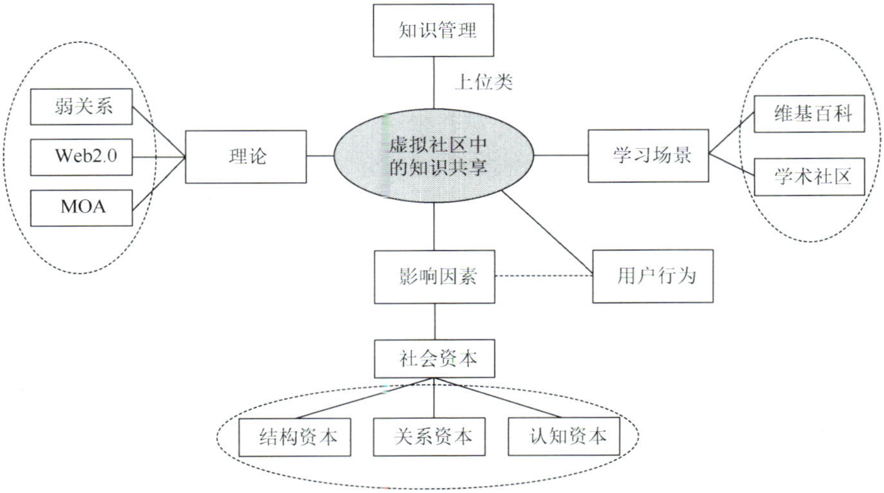

图 5-10　U23 的概念图

MOA：motivation-opportunity-ability，动机-机会-能力

依照这种评分标准，分别统计得出两组受试者的概念图平均得分为 6.7 分和 5.5 分。显然第一组的平均得分更高，说明整体上第一组受试者任务的完成情况更好，受试者最终的认知结构更完善。并且第一组概念图得分的最大值与最小值之间的差距、标准差明显小于第二组，同时第一组的最低得分接近第二组的平均水平，说明第一组的学习效果比较均衡，普遍情况良好，而第二组波动性大，且整体水平不太理想。

2）检索时间

第一组的平均检索时间约 21min，第二组的平均检索时间接近 25min，达到规定时间的上限，说明第一组整体完成任务的速度更快，第二组只能勉强在规定时间内完成任务。同时可以看到，第一组的最小值小于第二组并且第二组的最大值与最小值之间的差距、标准差均低于第一组，说明第二组受试者完成任务的速度比较接近，普遍用时较长。结合概念图得分，可以看到第一组用时短、得分高，反映其效率更高，进一步可以得出第一组在检索系统的帮助下，更容易获取有效的信息，从而快速完成任务。

3）浏览文献数量

两组的平均浏览文献数量分别为 8.5 和 12.3。可以看到，第二组的平均浏览文献数量明显大于第一组，而且第二组的中位数、最大值也都略高于第一组，进一步说明第二组在与文献交互上消耗了更多的努力值，或者说第二组更多地通过反复求助文献来获取满意信息。

2. 认知过程数据分析

用户认知发展的两个关键环节是同化和顺应，也就是说同化和顺应决定了用户认知发展的质量。为了集中剖析用户认知发展的情况，并识别影响用户认知发展的关键点，笔者通过对 30 个视频条目以及访谈条目的编码和分析，共收集到 180 条针对同化、顺应过程的有效描述，共计 5400 字。通过分析这些描述的特点，寻找其共同点，生成自由节点，选取典型节点描述，并通过对自由节点的比较、分类、整合，建立类属关系，将自由节点归为更高层次的概念，从而形成不同的范畴类别。最终得到的两组受试者在检索过程中的认知过程节点编码描述如表 5-2、表 5-3 所示。

表 5-2 认知过程自由节点编码-CIRS

主范畴	范畴类别	自由节点	自由节点举例
同化	初始化认知	猜想或类比	对这个主题不太了解，不过根据我学过的相关课程来类比的话，它应该会包括研究方法、对象、行为这些方面吧
		激活、唤醒原有认知	既然是虚拟社区上的知识共享，那肯定涉及虚拟社区的类型，所以我先从类型入手看看
	发现关键概念及联系	注意到知识地图上的全局概念	我想知道这个主题从哪几个方面铺开，知识地图上给了很多关键词，我觉得可以先逐个去看看有没有我想要的词
		注意到知识地图上的关键概念	影响因素这个词感觉还挺重要的
		注意到知识地图上的关联关系	点了类型这个词，想看看下面跟它关联的概念还有哪些
		注意到节点上的文献数	这个节点上面的文献还挺多的，感觉这会是个重要的研究方面
		注意到关键文献	这篇文章的被引数还挺高的，应该会对我的理解有帮助，所以我就点进去了

续表

主范畴	范畴类别	自由节点	自由节点举例
同化	发现关键概念及联系	注意到文献中的关键概念	这篇文献是在影响因素节点下面的，然后在它的摘要里面看到了技术接受模型、信任理论和社会认知理论，不知道是不是实证研究主要涉及的理论
	增添关键概念	锁定知识地图上的关键概念	知识地图上面的影响因素、理论、模型、类型等启示我可以从这几个方面入手
		锁定知识地图上的关联概念或扩展概念	知道它的概念后，我进一步想看有哪些类，知识地图里面正好有类型这个节点
		通过知识地图节点下的文献求证关键概念	我会辅以旁边的文章标题来印证一下
		理解新概念	哦，原来这个类型主要按行业和用户群体进行了划分
		新增新概念	我觉得这个影响因素涉及的内容还挺多的，算是比较重要的概念，把这个写下来
	建立概念之间的联系	根据知识地图上的概念关系猜测联系	点击了影响因素，发现它下面有社会资本、信任、绩效这些，这些都属于它的下一级吗？
		求证联系	在社会资本这个节点下面发现了一篇文章叫《虚拟社区社会资本对知识共享影响的实证研究》，看来社会资本是影响因素的一个方面
		概念分化	看来环境影响、社会影响是影响因素下面的两个分支
顺应	产生认知冲突	由知识地图上的概念、联系产生认知冲突	这个社会资本是什么意思，跟影响因素有什么关系呢？我以前了解的是什么社会网络，人际关系啥的
		由文章内容产生认知冲突	这篇文章结构还可以，就是内容没有说到重点，让我有点懵
	放弃概念	忽略知识地图上不重要的概念	这上面说到几个节点，我都没怎么听过，是不是它分得太细了，对于我要了解主要的研究内容的话，帮助应该不会很大，我也不是很感兴趣
		舍弃知识地图上的非关键概念	有些节点上的文献不多，感觉也不太重要，还是先跳过吧
	修正概念	锁定知识地图上的迷失概念	这个学科不知道它说的是什么意思，是我理解的学科类型吗？还是它在具体领域的研究
		通过知识地图节点下的文献诊断迷失概念	这篇文章好像能解答我的疑惑，它说到影响因素其实可以按不同的维度划分，包括社会角度、环境角度等
		修正知识地图上的迷失概念	所以这里的信任不是单列的，它既可以作为信任模型重点研究，也可以作为影响因素的一个方面去研究
	重组概念	无明显联系	我觉得它们两个关系不大
		发现区别	社会资本与社会网络还是有区别的

续表

主范畴	范畴类别	自由节点	自由节点举例
顺应	重组概念	重建联系	这里的信任不单单是影响因素下的一个方面，而且还属于模型的一种
	将关联概念聚集成簇	提炼	有的概念意思差不多，所以把相似概念综合了一下，比如潜水者和发帖者，也不用这么细致，就概括为社区用户呗
		归类	这上面有些概念还是比较零散的，所以我大致做了一个归类，比如把社区、用户、知识统一归为了研究对象
	确认类簇之间的关系	估计类簇之间的关系	实证研究跟影响因素是研究的两大块，但它们俩之间其实是有关系的，影响因素算是实证研究的主要方面吧
		识别类簇之间的关系	这上面其实有些交叉概念，概念之间的组合也挺复杂的，我就是结合了知识地图上面的层级之间的关系，然后对照节点下面的文献标题查证了一下
	形成知识网络	总结	首先知识地图提示我可以从哪几个方面开展，其次我通过节点上面的文献确定了几个大的方面，然后我再从每个大节点的下级节点里提炼了一些概念进行总结

表 5-3　认知过程节点编码-CNKI

主范畴	范畴类别	自由节点	自由节点举例
同化	初始化认知	猜想或类比	如果按照常规思路，一个研究下面肯定有研究方法、研究热点、研究局限等
		激活、唤醒原有认知	知识共享，是一个行为，那么一定有行为发生的主体
	发现关键概念	注意到列表文献	首先看到一列标题，信息量特别大，有点无从下手
		注意到关键文献	这篇文章引用量还挺高的，而且排在前面
		注意到文献中的关键概念	这篇文献的摘要部分谈到了社会资本理论和技术接受模型
	增添关键概念	锁定文献中的关键概念	这几篇文章标题都有实证研究，实证研究应该是一个比较重要的研究
		通过文献内容求证概念	逐个浏览这几篇文献，还能不能获得启发？
		理解新概念	所以认同是通过社会认可来体现的
		新增概念	看到好几个地方都提到了社会资本，感觉挺重要的，先写下来
	建立概念之间的联系	根据文章内容猜测联系	从标题来看，社会网络跟知识共享应该有某种关系
		求证联系	文献摘要指出知识共享活动背后是人与人之间的社会关系；我猜想社会网络是知识共享的影响因素之一
		概念分化	所以影响因素下面包含信任

续表

主范畴	范畴类别	自由节点	自由节点举例
顺应	产生认知冲突	由文章内容产生认知冲突	这个摘要里面出现了社会网络、社会交换，我有些不太确定
	放弃概念	过滤不重要的文献	这篇文章结构还不错，但其实没讲什么内容
		略过不感兴趣的概念	标题我就不太感兴趣，所以就没点进去
		舍弃不关键的概念	这里面谈到了很多我不太了解的概念，感觉也不重要吧，我就重点看一下我感兴趣的
	修正概念	锁定文献中的迷失概念	这两篇文章都谈到了持续使用意愿，它是不是可以单独归为一类，还是说它是哪个研究下面的内容
		重新查找相关概念下的文献	以“使用意愿”作为查询式重新检索相关文献
		通过文献内容诊断迷失概念	这个词主要出现在实证研究里面，算是比较核心的研究对象吧
		修正迷失概念	它跟我想象的不太一样
	重组概念	无明显联系	我原以为这些应该都属于学术情景范畴，但其实准确来说应该叫社区类型吧
		发现区别	实证研究跟影响因素不能等同
		重建联系	所以，技术接受模型既属于理论也属于模型，同时还指导实证研究
	将关联概念聚集成簇	提炼	这里分别谈到了社会认知学、社会心理、认知学，意思都差不多，就叫认知科学吧
		归类	这里的知识管理应该算是知识共享的上位词了
	确认类簇之间的关系	估计类簇之间的关系	这两个研究内容应该没什么关系
		识别类簇之间的关系	我通过这篇覆盖用户行为跟影响因素的文章，知道了用户行为其实是影响因素的源，有了行为，才产生了影响因素
	形成知识网络	总结	刚开始比较迷茫，不知道从什么角度去看，然后通过粗看标题跟摘要的方式看它主要的研究领域是什么方面，大概能确定影响因素、类型、理论这三个方面，然后我再对应地集中查看这几个方面的文献，再把研究内容细化，但是由于时间有限，这种方式肯定会遗漏一些方面，相关性也比较局限

可以看到，两组受试者在同化和顺应两个主概念范畴下均有 11 个范畴类别，第一组（使用 CIRS）有 31 个自由节点，第二组（使用 CNKI）有 28 个自由节点。两组针对同化和顺应的范畴类别大体相同，同化包括“初始化认知—发现关键概念—增添关键概念—建立概念之间的联系”，顺应包括“产生认知冲突—放弃概

念—修正概念—重组概念—将关联概念聚集成簇—确认类簇之间的关系—形成知识网络”。两组具有相似的范畴类别说明两组受试者认知建构的泛过程趋于一致，这也符合用户认知发展的基本规律，而真正影响两组受试者认知发展的诱因在于自由节点，这也是引起受试者检索最终结果以及认知结构最终状态差异的根源。自由节点在某种程度上反映了检索情境对用户的帮助情况，通过对自由节点以及节点之间的并列、承接或转换关系，以及典型描述进行分析，可以识别出影响用户认知发展的关键点。以下具体对这些范畴类别下的节点差异进行分析。

1）同化作用

同化作用是用户利用以往旧知识关联新知识或在旧知识的基础上进行新知识的分化与扩展的重要环节。通过对比可以发现，两组的区别主要体现在以下两个方面。

首先在于关键概念的发现。用户最初对概念的发现往往来自界面信息的刺激，信息刺激是用户进行认知建构的触发点，合理有效的界面元素通常会促进用户积极主动的意义建构，而单一或冗余的界面元素往往会让用户处于被动消极的状态，只能盲目摸索。对比两组受试者的自由节点，可以明显发现，第二组受到的最直接的刺激是文献列表。对于没有相关主题背景知识的用户而言，通常无从下手，例如，U17 说：“当看到这些标题时，我第一感觉就是文字太多，会觉得在有限时间内并不能很好地把这些东西逐个理解。”第二组在界面信息的刺激下，容易产生信息迷航，只能根据对标题感兴趣的程度或文章的相关性、被引量等指标确定想要查看的文献，并通过浏览文献内容确定核心概念。反观第一组，受试者受到的最直观的刺激是基于主题的交互式知识地图，包括知识地图上的核心概念、概念之间的联系以及节点概念包含的文献数等信息。根据这些信息，受试者就可以从大局上把握主题相关的核心概念，并根据核心概念明确搜索的方向，同时借助节点下的文献进行信息的筛选和求证。例如，U3 所说：“知识地图提示我从哪几个方面铺开，一般的搜索可能无法把概念给连接起来，而知识地图把关键词一个个连接起来，这样就能准确地找到相对应的文献或相对应的扩展文献。”总体来说，第二组受试者受到的刺激只有文献列表，他们往往会因为目标不明确，产生迷茫、困惑的认知心理；而第一组受试者受到的刺激除了文献外，更重要的是知识地图，而知识地图能让受试者对主题相关的研究有全局的了解，同时进一步明确之后的搜索方向。

其次是关键概念的增添以及概念之间联系的建立。第一组受试者可以直接结合已有认知在知识地图上选取自己感兴趣的节点，或者根据知识地图的层级结构关系发现概念之间的联系，并通过节点下面的关联节点或重要文献进行求证，受试者不用花费更多精力去寻找概念或挖掘联系，而只需要锁定概念，然后对概念进行辨析和验证即可，这种情境下，知识地图充当了一个积极的引导者和帮助者；

而第二组受试者对初始概念以及概念之间联系的锁定只能通过文献内容进行联想或猜测，带有强烈的认知不确定性，并且对于新概念的求证，受试者往往需要通过重新查找文献，进行集中浏览，这样不仅耗费时间，而且增加了认知负担，导致后续的认知活动进展艰难。

2）顺应作用

顺应是用户已有旧知识适应新知识的过程，也就是说，新知识与旧知识之间没有联系或存在冲突时，通过对原有旧知识的改造，使新旧知识进行融合、重组的过程。通过对比，可以发现两组顺应的区别主要体现在以下三个方面。

首先是认知冲突的产生。适当的认知冲突能将用户带入疑惑与矛盾的情境中，引起用户认知的不平衡，有利于诱导用户积极思维，并激发用户的探索心态，从而促进用户积极主动的认知建构。第一组引发受试者认知冲突的主要来源是知识地图，当用户已有的认知空间与知识地图上的概念不匹配时，用户就会产生认知困惑或概念迷失，此时用户感受到的最直观的认知冲突就是核心概念以及核心概念之间的关联，用户可以直接抓取矛盾的中心点以及扩散点，并根据知识地图上的关联或扩展概念、概念之间不同的层级关系、概念下的文献集等，快速定位到关键信息进行问题诊断。而第二组引发受试者认知冲突的主要来源是文献内容，一方面，用户需要在不停浏览文献的过程中过滤掉不重要的信息，从而发掘迷失概念，在这个过程中显然会遗漏大量潜在的可能诱发用户认知冲突的重要概念；另一方面，用户锁定迷失概念后往往需要回溯到初始查询，对检索式进行调整，从而通过集中搜索相关线索进行认知修复。也就是说，第一组的检索系统不仅创造了有意义的认知冲突情境，而且还能为处理冲突提供有效的引导和支持；而第二组的检索系统仅仅制造了认知冲突，由于问题情境比较单一，这种冲突反而会增添用户的认知负荷。

其次是概念的舍弃与修正。第一组受试者直接通过知识地图略过不感兴趣的概念或舍弃不关键的概念，从而专注于自己感兴趣或迷失的概念，并且进一步根据概念下的关联概念或文献集诊断修正迷失概念；而第二组受试者往往是在浏览文献的过程中将不重要或不感兴趣的信息进行筛选和过滤，从而保留重要的或存在认知偏差的概念，而这种持续筛选和甄别的过程可能会反反复复地出现在受试者认知建构的前期，当用户锁定迷失概念后，他们往往需要反复求助具体的文献内容进行概念辨析，而当文献内容无法消除认知歧义时，受试者只能寻求下一篇文献或直接放弃，这样不仅消耗了受试者的耐心与精力，而且阻碍了用户的认知顺应过程。

最后是概念的重组、关联概念聚集、类簇之间联系的确认等。这些是建立在受试者对概念的解读以及对概念之间关系把握的基础上的，是受试者对当前认知空间进行调整、归纳、综合的认知再加工过程，因此，这些环节更容易受到前几个阶段概念累积、修正和重组的连带影响。由于第一组受试者在先前阶段的同化、顺应过程得到更有效的引导和帮助，因此后继的认知整合过程也就更为畅通，用户的认知不再零散，呈现出结构化和系统化特征，最终受试者的认知结构也就更为完善。

3. 用户反馈数据分析

本实验对于用户检索结束后的问题访谈，聚焦于用户在检索过程中的心路历程以及使用系统后的体验、感受或建议。具体包括四个问题：①请结合检索过程，对概念图形成的过程进行解读，并对自身任务的完成情况做出评价；②你在检索过程中遇到的主要困难有哪些；③你觉得系统给你提供了哪些帮助；④你希望系统做出什么样的改进。通过对两组访谈数据进行对比分析，并剔除无关内容后，得到的分析结果如下。

（1）几乎所有受试者均能对自己绘制的概念图做出大致的解读，但是对于任务的完成情况，第一组普遍感到满意，而第二组部分感到不太确定。例如，第一组 U13 说：“知识地图上的概念比较全面，我就直接利用了知识地图，对上面的概念做了一个划分和归类，对于不确定的概念我就会结合旁边提炼出的高度相关的文献对应看下，所以总体感觉还算是比较全面吧。”而第二组 U21 表示：“我觉得时间有些赶，感觉遗漏了一些重要的研究方面，归纳得不太全面。因为我刚开始通过高级检索按照主题的相关性排序，然后逐篇浏览摘要，提取它的关键概念，如第一篇提取了影响因素，第五篇提示我考虑类型，但有的文章只有标题具有参考性，内容价值不大，感觉在看的过程中浪费了很多时间，而且这种方式相关性也比较局限，这方面相关了，另一方面又不太相关，肯定会遗漏一些方面，所以感觉不是很好。”

（2）两组受试者在检索过程中遇到的困难差异明显，第一组的主要困难在于系统操作使用方面，例如，U3 和 U11 表示：“平时用惯了知网，在检索过程中容易产生惯性思维，对系统提供的新功能有些不太适应，虽然帮助还蛮大的，但还是会有些不太习惯。”第二组的主要困难表现在对信息内容的理解与挖掘方面，具体体现在信息量大、内容单一、难以确定多个概念之间的关系、只提供了深度、缺乏广度等方面。例如，U27 表示：“刚开始会比较迷茫，不知道从什么角度去看，然后就只能通过逐一浏览文献的方式去看，而且有时候我对一个问题比较困惑时，就会越走越深，不会铺开来看。”

（3）对于系统提供的帮助方面，第一组感知到的帮助主要体现在提供了全局框架、通过知识地图将相关概念联系起来、帮助准确定位相关文献、提供概念提示和扩展、拥有自主选择的权力、促进对内容的深度挖掘等方面。例如，U5 表示：“知识地图将关键概念一个个联结起来了，而且概念是有实际意义的，对我会有一些启发，我可以直接从知识地图上提炼一些概念进行总结，并且知识地图呈现的效果是相关度最高的文献，很精炼，方便我很快找到对应的文献。”U3 表示：“知识地图不仅提供了深度，而且还提供了广度，如果我想了解这个概念，我可以一直往下走，但是如果我不想了解了，就可以退回来看看其他的概念，它让我有选择的权力。”反观第二组，受试者感知到的帮助除了操作简便、内容覆盖全面等方面，没有特别之处，而内容覆盖全面反而会造成重要文献筛选困难。

（4）对于系统的改进建议，第一组普遍认可了知识地图的功能和价值，但希望知识地图做出如下改进：节点按重要程度进行区分、节点采用更具有概括性和客观性的概念、对高质量文献进行标识、节点下的文献提供到知识单元（如文献中的段落、图表等）等；而第二组更多地希望系统能提供一个全局的框架、提供不同的界面元素、将提示的关键词进行关联和组织等。

5.4.4 结果与讨论

1. 结果

本实验通过对两组受试者有关交互行为与认知结果、认知过程以及用户使用反馈三方面的数据分析，得出以下结论。

（1）交互行为与认知结果。使用本系统的用户能在更短的时间内，通过更少的文档交互，建构更为完善的认知结构。也就是说，本系统通过提供有效的交互支持，在减少用户认知成本的同时，使用户的认知结构得到更好的建构与完善。

（2）认知过程。用户的认知结果是认知发展的最终体现，或者说认知发展的质量决定了用户认知结构的最终状态。通过对认知过程中的两个核心范畴（同化和顺应）进行关键节点分析，得出本系统能为用户的认知过程提供更为有效的支持和帮助，协助并促进用户认知学习过程中的同化和顺应，帮助用户积极主动地进行认知建构，发展认知空间。

（3）用户反馈。使用本系统的用户对检索结果普遍表示满意，并且对于系统支持的核心功能，如提供全局概念、支持概念迁移和扩展、支持对信息内容的深度挖掘等方面表示好评，这充分说明了本系统所具有的核心优势。同时，用户希望系统在节点布局、概念提炼、信息源粒度选取等方面有所改进。

总之，实验充分验证了本模型能有效促进用户对信息空间的探索与挖掘，支持用户在检索过程中积极主动的认知建构活动，最终帮助用户构建完善的认知结构。综合来看，所提出的模型具备一定的适用性和有效性。

2. 讨论

本模型提出的目标是改善和发展用户的认知。研究通过对建构主义理论的解读，将用户的认知建构过程移植到信息检索情境中，识别出同化和顺应过程是决定用户认知发展的关键因素。确切地说，用户的认知建构过程是一个连续的、知识网络形成的过程，首先用户通过同化和顺应活动逐步建构知识节点，即核心概念，再进一步将概念进行连通，形成知识网络。为了保持知识的鲜活，用户的认知会不断重塑、调整，有意义的节点会持续保持关联性，而不再有价值的节点会逐渐被削弱（西蒙斯，2009）。知识以分布式、流动的形式不断被精练、再造和解释，最终散布于知识网络各个节点的概念被连通和聚合起来（王竹立，2011），形成具有活性的知识网络。

为了促进用户的认知建构过程，通过对信息资源的有效挖掘和合理组织，采用与用户头脑中的认知图式相匹配的层级网络结构，构建可适应性的交互式知识地图，揭示隐含的知识结构，帮助和引导用户对主题知识的探索。首先，从组织结构来讲，知识地图充分考虑了用户认知的心理表征模式，客观地反映了概念体系在人脑中的语义映射方式，符合人脑的认知规律；其次，知识地图将概念之间隐含的语义关联通过层级节点之间的连线展现出来，也就是说节点不再是分散的、碎片化的，而是以管道连通的方式赋予概念以活力，概念之间可以进行迁移和扩展，这与用户的认知建构过程相吻合，能顺利地引导用户进行认知建构。

知识地图对用户认知的同化和顺应两个过程都能起到支持作用。一方面，知识地图提供主题全局概念，相当于为用户思维的发展搭建了一个“脚手架”，帮助用户从整体上把握概念框架，并且知识地图对于概念之间语义联系的揭示，有助于用户在对原有认知结构进行梳理的同时与新知识创建关联，避免新知识孤立地存在，引导用户进行知识的横向梳理，促进用户的新旧知识建立实质性的联系，从而使认知结构得到扩展和丰富，也就是引导用户的认知同化；另一方面，知识地图作为主题知识的“先行组织者”，可以触发用户基于已有认知与新知识进行交流和思维的“碰撞”，从而快速产生认知冲突，并且对于每一次的冲突，用户都可以从问题核心入手，而知识地图可以针对当前的问题情境进行适应性的调整，为用户的认知重组、改造和建构提供探索的途径与动力，帮助用户的认知顺应。模型通过提供适当的情境刺激与交互引导，帮助用户通过积极有效的同化和顺应过程对概念以及概念之间的联系进行意义建构，使认知结构在“平衡-不平衡-新的平衡”的循环中，得到不断的丰富和发展。由此可知，实验结果绝非偶然，而是具有理论和实践的双重检验与支持。

5.5 小　　结

信息检索过程包含一系列复杂的认知操作活动，信息检索模型研究的核心问题就是用户认知的问题。虽然研究者从认知理论、心智模型、认知交互等角度出发，提出了一系列认知模型来解释用户认知在信息检索过程中的作用，并探讨了信息检索的认知要素以及认知过程。但目前认知信息检索模型的研究仍处于建构阶段，还需要与系统导向的检索模型进行有机的结合。本书以认知建构主义理论为基础，以促进用户与系统的双向认知为研究目标，提出了一个以动态、交互、可适应性知识地图为核心的信息检索模型，该模型不仅能从理论上支持用户与系统灵活的交互，帮助用户更好地理解和识别需求，发展认知，并且还能支持可实践的应用研究。实验验证了本书所提出的交互式信息检索模型能有效促进用户对信息空间的探索与挖掘，协助并促进用户认知学习过程中的同化和顺应，帮助用户构建完善的认知结构。下一步工作将根据用户反馈进一步优化原型系统以及进行更多应用实践层面的检验。

第 6 章　基于知识地图的个性化信息检索系统

6.1　知识地图理论

6.1.1　知识地图的定义及要素

图书情报领域对知识地图的最早定义来自情报学家 Brookes，Brookes（1980）认为对文献中的逻辑内容进行分析，找到人们创造与思想的相互影响的知识点，把这些知识点联系在一起，就有了“认识地图”的概念，通过“认识地图”来揭示知识的有机结构，通过每个链接点都能找到所需知识和相关知识。随后，许多学者从不同角度给出了知识地图的定义。例如，Vail（1999）认为知识地图是信息及其相互关系的一种可视化显示，它促使拥有不同背景的用户进行有效的学习交流和知识交换。Eppler（2001）认为知识地图是一个能够可视化知识领域的层级结构。虽然国内外学者还没有统一的关于知识地图的定义，但知识地图包括一些共同的原则（朝乐门等，2012）：①知识地图需具有向导功能，指向的是知识源；②知识地图能够揭示知识之间的关联；③知识地图需要将知识间的关系可视化地展示出来；④知识地图必须以满足用户对知识的快速定位和深入理解为主要目的。

由于信息资源的海量性及无序性，在信息检索的研究中，需要对其进行进一步的组织，帮助用户了解信息空间，支持用户的信息搜索活动。利用知识地图在知识组织和可视化方面展现的独特优势，可以帮助用户明确知识之间的内在联系，对信息查询处理过程起到优化作用。

6.1.2　信息资源中的知识概念及其表示

知识节点和知识关联是知识地图的两个重要组成部分（叶六奇和石晶，2012）。从 Brookes 对知识地图的定义可知，知识节点即知识单元，可以是一个概念或者是一个事物，从不同的认识角度也称为知识因子、知识点、知识元等。目前，学者对于“知识单元概念”的研究理论有一些探讨。文庭孝等（2007）指出知识单元是表达知识内容的关键词或主题词的集合；温有奎等（2003，2004）认为知识单元应是完整的知识表达，是知识被分解成可独立使用的最小单位；周宁等（2006）认为知识单元是词语的组合，用于表示知识；贾茜和张斌（2015）认为知识单元是由语义链连接的主题元。从实践上看，大多数关于知识地图的研究在知识节点的表达形式上比较单一，主要是抽取文献中的某些词汇作为概念节点（姜永常，2011；Lee and Segev，2012）。基于认知语言学理论，单个词汇在不同的认知环境中代表不同的含义，单个词汇并不能塑造一个精准的概念。因此，本书认为词汇是概念的重要属性，但是词汇并不等同于概念。英国认知语言学学会主席 Evans（2009）在其著作中提到，词义是高度依赖于其所在的语言环境的，是开放的、易变的，相比于单个词汇，词汇的组合往往更能表达比较精确且不同粒度的概念。例如，“知识”、“付费”和“平台”三个词组合在一起能够产生一个较为细粒度的概念，“知识”、“付费”和“平台”三个词组合在一起作为这个概念的属性。这里需要注意的是，尽管属性对于创造和区分概念来说非常重要，但属性并不是概念的全部。属性是概念内涵的表达，而概念的外延，即具有概念所反映的特有属性的所有事物，同样也是至关重要的，两者是相互依存的关系。内涵是对所有外延特征的概括，外延是内涵的具体化。在本书中，内涵是词汇的组合，外延是包含特定词汇的文献集合。这样一种以内涵和外延共同定义的概念既符合人类的认知习惯，也丰富了对知识概念传统的定义。对于一个概念，其内涵越多，外延就越小；概念的内涵越少，相对应的外延也就越大。例如，当概念的内涵是“知识”时，所有关于知识的文献都是它的外延；而当概念的内涵是“知识”、“付费”和“平台”三个词时，它的外延就是同时包含这三个主题的文献。除此之外，仍需指出，词汇间的组合并不是任意的，概念的外延往往限制了内涵，对于给定的文献集合，其内涵是确定的。

总而言之，知识节点在不同的认识中有不同的表达方式，节点之间的关联也有多种形态，不同的知识节点和关联关系构成了形态各异的知识地图。本书构建的知识地图是一种描述概念及概念间关系的语义网络，其知识节点是概念，概念是由内涵和外延共同定义的，内涵是词汇的组合，外延是包含特定词汇的文献集合，摆脱了意义多变的词汇，使得语言的模糊性不会给用户造成检索的障碍。知识关联则是通过识别概念之间的同一性关联，即节点继承性，进而确定节点之间的关联关系。

6.2　基于知识地图的个性化信息检索系统模型构建

6.2.1　模型构建策略

传统的信息检索往往忽略用户及其认知规律，本书从面向用户的角度对检索方法和过程进行研究，提出了一个个性化的信息检索系统模型，以期提高用户获取信息的效率和检索体验。模型具体构建策略如下。

（1）用户导向。不同于传统信息检索系统一味地追求查全率、查准率指标，忽视对于用户需求、用户体验的关注，实际上，信息检索过程理应是用户主导的，用户是信息检索模型中必不可少、不容忽视的一环。本书构建的信息检索系统模型将用户作为整个检索系统的重要组成部分，不再将用户视为被动的接收者，而是帮助用户积极主动地参与信息检索过程，转变为主动的探索者、学习者。同时，系统实时关注用户在检索过程中的信息行为，通过需求挖掘技术及其他辅助机制深度挖掘用户真实的信息需求。

（2）识别文献之间的关联，实现文献资源的语义组织。传统以线性的方式组织信息资源割裂了文档之间的语义关联，不利于用户深入理解信息空间。本书利用知识地图挖掘信息资源中隐含的知识概念，识别出概念之间的关联关系，实现基于语义的信息资源组织。

（3）为用户提供灵活的交互接口。本书构建的模型提供了一个基于知识地图的智能用户接口。交互式知识地图在用户和信息资源之间建立起一个具有中介功能的桥梁，将信息资源的语义关系可视化地呈现给用户，为用户提供导航支持，支持用户积极、主动地探索信息空间，直至需求得到满足。

6.2.2　模型层次分析

依据 6.2.1 节提出的模型构建策略，提出了一种以语义挖掘层、中间处理层和用户接口层三大模块构成的个性化信息检索系统模型，如图 6-1 所示。其中，语

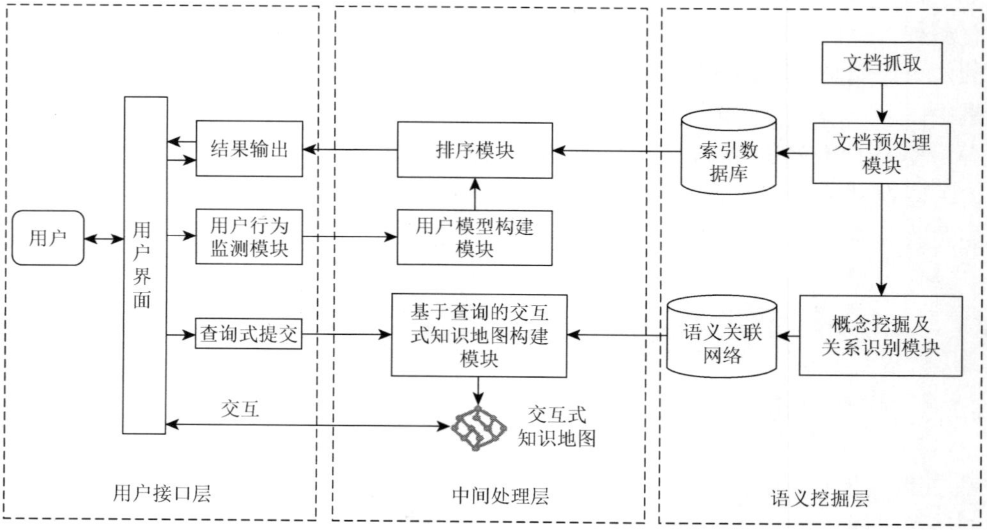

图 6-1　个性化信息检索系统模型

义挖掘层主要是对信息资源进行深度挖掘，识别隐含的概念及关联，输出语义关联网络；中间处理层是语义挖掘层和用户接口层之间的桥梁，该层将从语义挖掘层挖掘出的语义关系以一种直观的、易于理解的形式呈现给用户，并且基于用户接口层获取的用户行为信息，深入理解用户需求，向用户推送符合其需求的检索结果；用户接口层是支持用户与系统交互的层级，该层向用户输出可交互的知识地图以及检索结果，供用户和系统动态地交互，直至用户需求得到满足。下面分别对这三个部分进行详细的介绍。

1）语义挖掘层

语义挖掘层位于系统的底层，通过文档抓取、文档预处理和概念挖掘及关系识别等环节，对杂乱无序的文档空间进行语义组织，是个性化检索系统模型的关键层级。

语义挖掘层运用语义挖掘技术　挖掘文档空间中的概念及概念之间的关系，对用户的检索过程有重要意义。一方面，对概念及其关系的识别，使得对文献资源的组织不再从文档这种粗粒度的层面进行，而是从概念层面进行，突破了索引词和检索词的字面匹配存在的局限，将信息检索从关键词层面提升到概念（知识）层面。另一方面，识别文献空间中的概念及关系，能够将文档通过语义关系联系起来，揭示文档之间的联系，展示文档空间中的知识脉络，帮助用户按照自己的认知能力和思维方式来全面审视信息资源中的信息结构，从而在复杂的信息环境中快速、准确地发现自己所需要的信息。明晰的语义关系相当于帮助用户建立一个稳定的信息传输通道，能够解决海量的信息与用户需求之间的矛盾。

对文献空间进行概念挖掘和关系识别的过程，既是语义挖掘的关键所在，也是辅助用户探索信息空间的基础。具体挖掘模型如图 6-2 所示。第一层是文档资源描述层，实现对文档的形式表示；第二层是概念抽取表示层，负责提取所有隐含概念；第三层是知识结构展示层，识别概念间的层次关系并对概念及其关系进行图形化展示。从概念挖掘模型可以看出，在文档资源描述层中，文档之间似乎是独立的个体，而实际上，文档之间存在一定的逻辑关系，线性的组织方式割裂了文档之间固有的联系，在我们的模型中，通过概念挖掘和知识结构构建，将文档之间的关联展示出来。此外，通过自下而上的方式识别挖掘文档空间中的语义关系，这样的语义挖掘方式较为灵活，不需要构建者对专业的领域知识有很深的了解，就能概念化、语义化、形式化地揭示信息资源空间隐含的知识结构和关联。

具体来说，语义挖掘层主要包括两个模块，分别为：①文档预处理模块。负责对文档进行清洗、抽取特征词等工作，以支持后续文档向量的生成和形式背景的创建。②概念挖掘及关系识别模块。该模块的主要功能是挖掘信息空间中隐含的概念及其关联，生成语义关联网络，揭示信息资源隐含的知识结构。

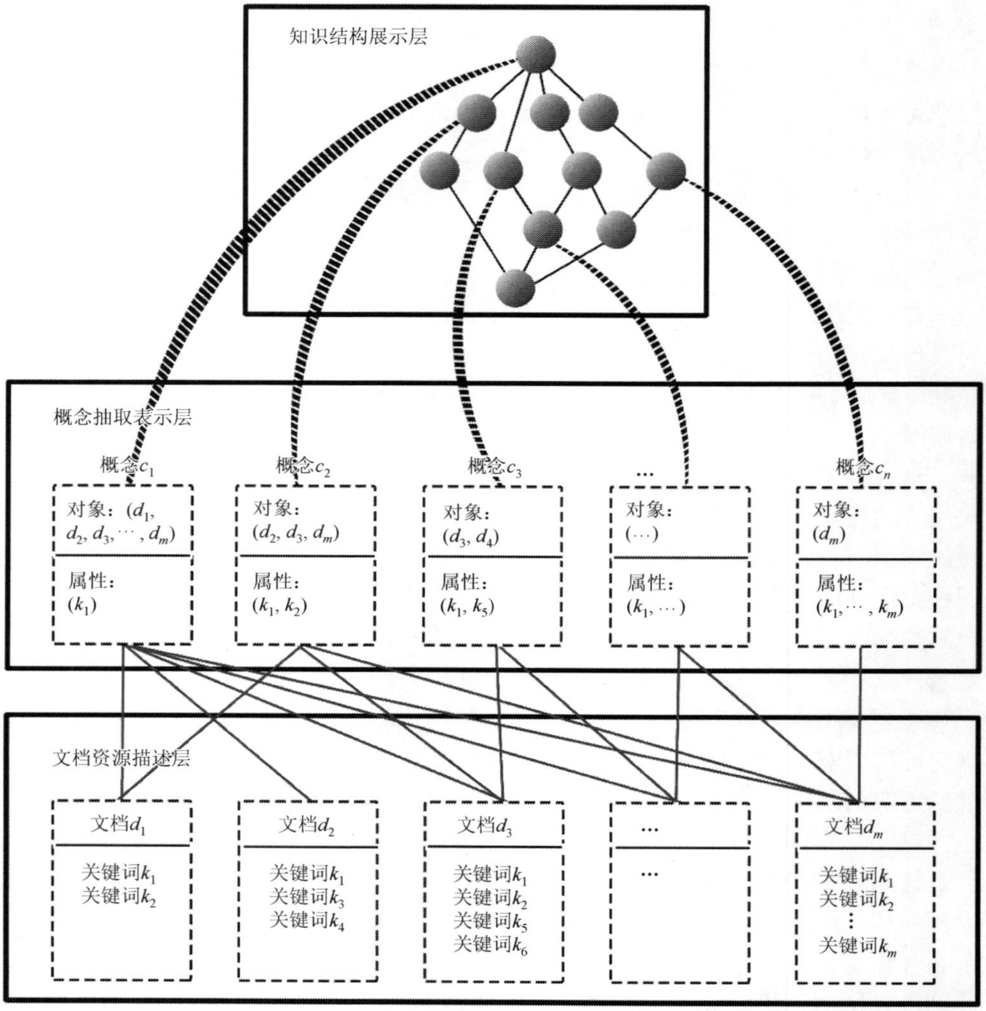

图 6-2　文档空间概念挖掘及关系识别模型

2）中间处理层

中间处理层是连接语义挖掘层和用户接口层的纽带。一方面，中间处理层负责接收用户查询、整合用户信息行为，构建用户模型，精准识别用户需求；另一方面，由于语义挖掘层识别的语义关联是纷繁复杂的，语义关系本身的抽象性和需要易于理解的表现方式之间形成矛盾。为了方便用户的认知，中间处理层将挖掘出的语义关系以一种直观的、易于理解、更为友好的形式呈现给用户。中间处理层体现了本系统和传统的以系统为中心的信息检索在思路上的差异。本系统不再简单地认为用户的查询式即代表用户的需求，而是在用户和系统之间构建一座桥梁，在检索过程中，整合用户行为信息，识别用户的真实需求。同时，还向用户展示基于用户需求的信息资源语义关联。从某种意义上来说，中间处理层是作为中介机制被引入信息检索过程中的，体现了以用户为中心的信息检索的特点。

中间处理层的具体工作流程是接收用户提交的查询请求，将其与语义挖掘层中挖掘出的概念进行匹配，筛选出以查询式为中心的相关概念，生成可交互的局部知识地图，并在用户接口层将其展示给用户。用户可以和知识地图进行交互，系统实时地监测用户的查询、点击和评价行为，中间处理层会对用户行为数据进行整合、分析，识别用户的真实需求，构建用户模型。基于构建的用户模型，中间处理层会去索引数据库中匹配和用户需求相对应的文档，并根据相关程度对检索结果进行排序，进而生成个性化的知识地图和检索结果，帮助用户提高信息获取效率和检索体验。

具体来说，中间处理层的主要模块及其功能包括：①基于查询的交互式知识地图构建模块。根据用户和系统的交互行为，实时反馈动态、可交互的知识地图，提供以查询式和用户点击为出发点的概念及关系，即局部知识地图，方便用户以查询式为核心浏览和探索文档空间。这样，用户只需一次或极少数查询，便可以通过概念间的语义关系扩展查询路径，获得不同的文献集合，用户不再需要反复地输入查询式，避免了不精确的描述而带来的检索误差，提高了信息检索的效率。②用户模型构建模块。该模块负责整合、分析用户行为，构建用户模型。对于从用户接口层获取的用户行为和评价反馈信息，都需要中间处理层对其进行深度分析、处理，以期精准识别用户需求，并基于此构建用户兴趣模型，支持后续的个性化信息检索。③排序模块。本模块的主要功能是将已构建的用户兴趣模型和索引数据库中的文档进行快速匹配，并基于用户模型和文档的相似度对检索出的文档进行排序，并过滤掉不相关的信息，缓解传统信息检索系统向用户返回过多检索结果造成的“信息过载”问题。

3）用户接口层

用户接口层是用户与检索系统实现直接交互的层级。传统的检索系统的检索模式是直接匹配用户查询式和信息资源库，其用户接口一般也只具有接收用户检索请求和反馈结果的功能。而作为个性化信息检索系统的接口，它还具备人机交互和用户行为监测的功能。用户接口的人机交互功能是建立在语义的基础上的，在本模型中的用户接口层中，会向用户提供具有丰富语义的知识地图，支持用户和系统的交互；同时，用户接口层还负责获取用户在系统界面上的一系列能反映其需求的行为。

用户接口层的具体功能包括：①支持人机交互，当用户输入查询式时，系统将获取中间处理层返回的基于查询式的交互式知识地图，并在系统界面上展示出来，用户在浏览知识地图的过程中，可随时与之交互，知识地图也会随之动态更新。②用户行为监测。用户接口层还需获取用户的行为信息，支持后续用户模型的构建。主要任务是识别和跟踪用户的行为，具体包括以下几种行为：①监测用户和知识地图的交互行为，即用户点击的知识地图中的节点，此时，对于用户行为的描述就不再局限于词汇层面，而是上升到了概念层面，使得对用户需求的建模在知识概念的层面进行，实现从关键词向知识概念的转换。②获取用户对输出结果的评价。本系统主动获取用户对检索结果的评价，鼓励用户对检索结果给出量化的评价值，学习用户对输出结果的评价是系统增强对用户的理解的过程。用户行为监测模块监测并分析上述两种用户行为，将其存储在数据库中，支撑后续用户兴趣模型的构建。

基于上述功能分析，可以发现用户接口层需要包含结果输出、查询式提交和用户行为监测模块：①查询式提交。获取用户的查询输入，再将用户的查询输入传递到中间处理层。②结果输出。结果输出模块需要将中间处理层排序后的结果输出给用户。③用户行为监测模块。负责监测用户和知识地图的交互行为，并且获取用户的评价行为，将其输送给中间处理层。

6.2.3 模型核心模块设计

1. 文档预处理模块

该模块的主要功能是将非结构化的文本文档转化成结构化的形式，这是系统模型设计过程中非常重要的一环。采用向量空间模型的方法将非结构化的文本转化成词汇向量的形式。具体包括以下三方面的工作：①分词处理。首先用 jieba 分词包对抓取的文档进行分词处理，并且过滤掉无实际意义的词汇，防止无关词汇干扰个性化信息服务。②特征词权重计算。经过分词处理的文档包含大量词汇，为了获取重要词汇在文档中的重要程度，需要为每个词分配一个权重。目前，有多种加权方法，其中最为常用的是 tf-idf 方法，因此选取 tf-idf 方法计算每个词的权重，进而衡量每个词汇的重要程度， tf-idf 值越大，则代表该特征词对文档越重要。具体计算方法为 $\text{tf-idf} = \text{tf}_k \cdot \log_{10}\left(N / \text{df}_k\right)$。其中， tf_k 为 t_k 在文档 d 中出现的次数，tf_k 越高，意味着 t_k 对于文档 d 越重要；N 为文档集中的课程总数；df_k 表示含有 t_k 的文档的数量，df_k 越高，意味着 t_k 在衡量文档之间相似度方面的作用越低。这种计算方法的直观解释是：若某个特征词在某个文档中出现的频率越高，则其贡献越大；若整个文档空间中包含该特征词的文档越多，其贡献将被降低。③向量归一化。为了消除文档长度的影响，确保各个文档的特征词权重处于同一数量级，需要对每个文档的特征词权重进行归一化处理。归一化处理后，文档 d 中的关键词 t_k 的权重值为

$$W_k^d = \frac{\mathrm{tf}_k \cdot \log_{10}\left(N / \mathrm{df}_k\right) - \min\left(\mathrm{tf}_k \cdot \log_{10}\left(N / \mathrm{df}_k\right)\right)}{\max\left(\mathrm{tf}_k \cdot \log_{10}\left(N / \mathrm{df}_k\right)\right) - \min\left(\mathrm{tf}_k \cdot \log_{10}\left(N / \mathrm{df}_k\right)\right)} \tag{6-1}$$

文档 d 就可以表示为向量：

$$d = \left(\left(t_1, W_1^d\right), \left(t_2, W_2^d\right), \cdots, \left(t_{m0}, W_{m0}^d\right)\right) \tag{6-2}$$

2. 概念挖掘及关系识别模块

该模块的主要功能是实现对信息资源中概念及关系的挖掘，生成能够描述信息空间的语义关联网络。主要包含三个步骤：形式背景的构建、信息空间中隐含概念的挖掘、概念之间关系的识别。具体原理与方法如下。

1）形式背景的构建

形式背景是使用形式概念分析方法挖掘概念的基础，形式背景的构建就是用形式化的背景将文档中的对象、属性以及关联关系描述出来。在本书中，对象就是文档空间中的文档，属性就是用来描述文档的特征词，基于对象和属性的关系，构建文档空间的形式背景。下面给出本书中形式背景的定义。

【定义 6-1】文档空间的形式背景可表示成 $S=(D, K, R)$ 这种形式的三元组，其中文档集合 $D=\{d_1, d_2, \cdots, d_n\}$ 为对象集，特征词集合 $K=\{k_1, k_2, \cdots, k_m\}$ 为属性集，对象集 D 与属性集 K 之间的二元关系用 R 来表示，即 $R \subseteq D \times K$。如果文档 d 和特征词 k 之间存在关系 $(d, k) \in R$，则表示对象 d 具有属性 k。

在形式背景中，对象是文档，有多少篇文档就有多少个对象。属性是文档的核心特征词，文档特征向量中包含大量词汇，但并不是所有词汇都能作为核心特征词。选取 tf-idf 中排名靠前的词作为文档的核心特征词。假设文档空间中包含 11 篇文档和 6 个特征词，那么其对应的形式背景如表 6-1 所示。表中的每一条记录代表一个对象，每一个字段代表一个属性，x 代表 d_i 包含 k_j，空格表示 d_i 不包含 k_j。

表 6-1　信息空间形式背景

对象	k_1	k_2	k_3	k_4	k_5	k_6
d_1	x		x	x		
d_2		x	x	x	x	
d_3	x			x		x
d_4		x	x	x		
d_5	x		x	x		
d_6		x			x	

续表

对象	k_1	k_2	k_3	k_4	k_5	k_6
d_7	x		x	x		
d_8		x	x	x		
d_9	x					x
d_{10}		x	x	x	x	
d_{11}	x		x	x		x

2）信息空间中隐含概念的挖掘

从文档空间所对应的形式背景中挖掘出概念并识别出概念之间的关系是一个核心问题。下面给出文档空间中的概念的定义。

【定义 6-2】形式概念：在形式背景（D, K, R）中，一个序偶（A, B）表示一个形式概念 C（简称概念）。当且仅当 $A \subseteq D$，$B \subseteq K$，而且满足 $A' = B$ 且 $B' = A$，其中：

$$A' = \left\{ k \in K | \left(d, k \right) \in R, \forall d \in A \right\}$$

$$B' = \left\{ d \in D | \left(d, k \right) \in R, \forall k \in B \right\}$$

则称 A 为概念（A, B）的外延，B 为概念（A, B）的内涵。在本书中，A 是这个概念的文档集合，B 是 A 中文档所共同拥有的特征词的集合。

从形式背景中提取概念的具体方法如下：在形式背景 $S =$（D, K, R）中，首先，求文档集合 D 的所有子集，对于每一个子集 A 都进行以下处理，A 中文档所具有的所有特征词构成特征词集合 A'，对于 A' 中所有特征词，求其对应的文档，构成文档集合 A''。如果已生成的概念中不包含（A'', A'），那么（A'', A'）就是一个概念，算法 6-1 是描述概念生成过程的伪代码。对于表 6-1 中构建的形式背景，可从中挖掘出 C_1～C_{16} 共计 16 个概念，如表 6-2 所示。

算法 6-1　概念生成算法

```
While 某种条件为真 do
    For 某个子集 A ⊆ D
        计算 A 的属性集合，记为 A'
        计算 A' 对应的对象集合，记为 A''
    End For
    If（A', A''）是第一次生成
        Then（A', A''）是一个概念
    End If
End While
```

表 6-2　从表 6-1 的形式背景中提取的概念

概念{{外延}，{内涵}}	概念{{外延}，{内涵}}
C_1：{{d_1，d_2，d_3，d_4，d_5，d_6，d_7，d_8，d_9，d_{10}，d_{11}}，{Ø}}	C_9：{{d_1，d_3，d_5，d_{11}}，{k_1，k_4}}
C_2：{{d_2，d_4，d_6，d_8，d_{10}}，{k_2}}	C_{10}：{{d_3，d_9，d_{11}}，{k_1，k_6}}
C_3：{{d_1，d_2，d_4，d_5，d_7，d_8，d_{10}，d_{11}}，{k_3}}	C_{11}：{{d_2，d_4，d_8，d_{10}}，{k_2，k_3，k_4}}
C_4：{{d_1，d_2，d_3，d_4，d_5，d_8，d_{10}，d_{11}}，{k_4}}	C_{12}：{{d_1，d_5，d_{11}}，{k_1，k_3，k_4}}
C_5：{{d_1，d_3，d_5，d_7，d_9，d_{11}}，{k_1}}	C_{13}：{{d_3，d_{11}}，{k_1，k_4，k_6}}
C_6：{{d_2，d_6，d_{10}}，{k_2，k_5}}	C_{14}：{{d_2，d_{10}}，{k_2，k_3，k_4，k_5}}
C_7：{{d_1，d_2，d_4，d_5，d_8，d_{10}，d_{11}}，{k_3，k_4}}	C_{15}：{{d_{11}}，{k_1，k_3，k_4，k_6}}
C_8：{{d_1，d_5，d_7，d_{11}}，{k_1，k_3}}	C_{16}：{{Ø}，{k_1，k_2，k_3，k_4，k_5，k_6}}

3）概念之间关系的识别

在挖掘出了形式背景中的隐含概念之后，可以通过识别概念之间的偏序关系来构建概念之间的关联，生成语义关联网络。下面给出偏序关系的定义。

【定义 6-3】对于形式背景中的两个概念（A_1, B_1）和（A_2, B_2），如果 $A_1 \subseteq A_2$（等价于 $B_2 \subseteq B_1$），则称（A_1, B_1）是（A_2, B_2）的子概念，（A_2, B_2）是（A_1, B_1）的父概念，并记作（A_1, B_1）$\leqslant$（A_2, B_2），关系$\leqslant$表示的是概念之间的偏序关系，也称为泛化-例化关系。形式背景下所有概念连同它们之间的偏序关系构成一个概念格，概念格描述的是概念及其关系的逻辑组织结构。这种组织结构，并非简单的树形图，而是更符合知识形态的具有层级的网状结构。

图 6-3 中的概念格展示的就是表 6-1 形式背景中的概念及概念之间的关系，图中共有 16 个节点（即 16 个概念，其内涵与外延见表 6-2），节点之间的连线代

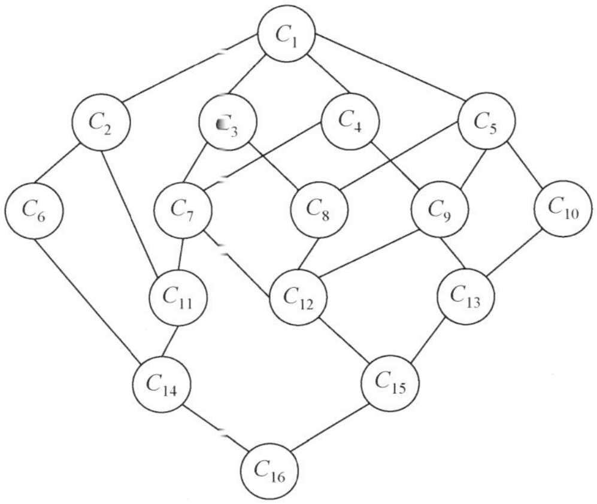

图 6-3　表 6-1 形式背景中隐含的概念及其关系图

表概念之间的偏序关系。在概念格中实现了概念的分层表达，处于上层的节点都是较为抽象的概念，处于下层的节点则是更为具体的概念。C_1 作为最顶层的概念，其外延是所有的文档，其内涵则不包含属性，为空集。而处于其下层的概念，如概念 C_2，其内涵是关键词 k_2，含义更为具体，其外延也相应地减少至仅有 5 篇文档。其余节点也都遵循类似的规律，概念内涵包含的词汇越多，其外延包含的文档就越少，反之，内涵包含的词汇越少，外延包含的文档就越多。最下层的节点 C_{16}，其内涵为所有属性词，外延则不包含任何一篇文档。从图 6-3 中也可以看出，概念格的子节点的内涵是继承了其父节点的内涵，父节点的外延则包含了子节点的外延。正是通过这种网状的层级结构，概念格将文档集合中的概念及其层次关系清晰地表示给用户，帮助用户了解文档空间。

3. 基于查询的交互式知识地图构建模块

该模块的主要功能是将用户的查询式与语义关联网络中的概念进行匹配，获得与查询式具有语义关联的概念，生成基于查询的交互式知识地图，返回给用户界面，供用户浏览和点击。

为了给用户提供更易于理解的检索界面，推送基于用户查询的局部知识地图。局部知识地图就是保证知识地图可读的情况下，根据用户输入的检索式选择性地展示概念格中部分概念节点，而不是对整个文档空间中的概念进行展示。具体来说，构建局部知识地图的过程包含两个关键环节：构建基于查询式的局部知识地图和局部知识地图的优化。

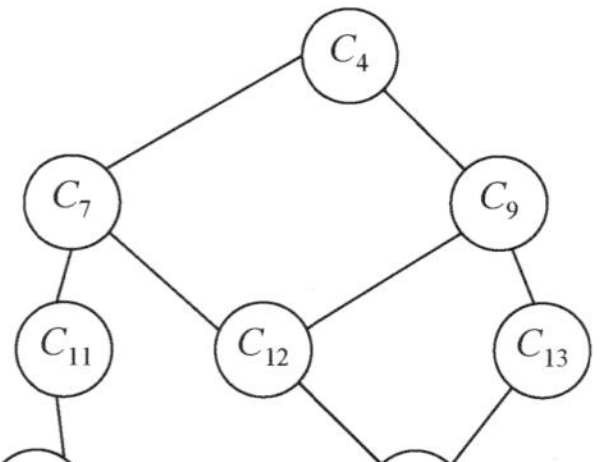

图 6-4　基于查询词 k_4 的局部知识地图

在构建局部知识地图时，首先获取用户的查询输入，并将用户的查询词和文档空间中的概念进行匹配，若某个概念的内涵包含用户的查询词，则将该概念视为与查询词相关的概念，将其放入局部知识地图概念集合中。最终，局部知识地图将只展示局部知识地图的概念集合，即只展示和查询词相关的概念及其关联。当用户查询 k_4 这个词时，系统首先筛选出和 k_4 相关的 8 个概念，这 8 个概念及其之间的关系生成局部知识地图，如图 6-4 所示。上述过程生成的局部知识地图是可动态交互的，用户可以点击其中的任何节点，系统会重复上述过程，把用户点击的节点视为核心节点，展示与之相关联的节点。

为了适应用户检索过程中需求的变化，向用户提供更加灵活的检索界面，所构建的局部知识地图是动态可交互的。动态可交互是指对于生成的基于查询的知识地图，用户可以随时点击节点与之交互，知识地图也会随之动态更新。例如，用户点击图 6-4 所示的知识地图中的概念 C_7，系统会调节知识地图，向用户返回以 C_7 为核心的知识地图，如图 6-5 所示。

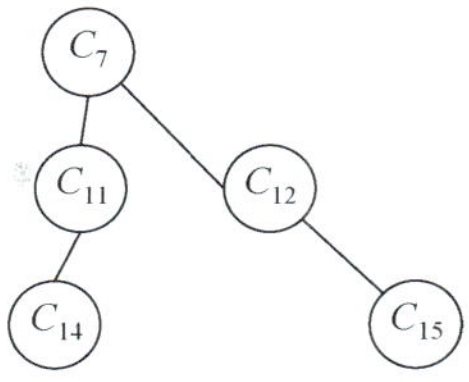

图 6-5　以 C_7 为核心的局部知识地图

4. 用户行为监测模块

在信息检索系统中提供个性化检索服务，不仅需要智能化信息处理技术，更需要通过用户和系统的各种交互行为精准识别用户的信息需求，为个性化信息服务提供数据支撑和决策支持。所构建的知识地图为用户提供了和系统迭代交互的平台，用户可以依据自己的思维方式灵活地和知识地图进行交互，用户与知识概念的每一次交互，都是表达自己需求的过程。因此，系统应该关注用户在检索过程中和知识地图的交互行为，通过捕获、分析用户点击的知识节点，从概念层面挖掘用户的信息需求，从而提高用户获取信息的效率。此外，利用对输出结果的评价反馈识别用户需求也是目前应用较为广泛的一种用户需求学习方法，其基本思想是通过用户选择检索结果行为所反馈的信息，识别用户需求，为用户提供更加符合其需求的检索结果。为获取用户对输出结果的评价，让用户从检索结果集合中选择感兴趣的文档（或文档集），通过文档的关键词来识别用户的信息需求，实现从关键词层面对用户需求的挖掘。

综上，为实现从概念层面和关键词层面对用户信息需求的深度挖掘。模型在用户接口层设置了用户行为监测模块来实时监测用户行为，主要监测用户的知识节点点击行为和对输出结果的评价行为。

（1）用户在知识地图中的知识节点点击行为获取：知识地图展示了文献空间中的隐含概念，以及概念之间的逻辑关系，将知识的有机结构展示给用户。用户在以自身的需求为参照，浏览并点击知识地图与之匹配的部分，发现自己需要的知识节点，进而定位到相应的文档中。在这个过程中，用户点击的知识节点反映了用户的需求，本系统实时跟踪用户的点击行为，记录下用户点击的知识节点的 ID，并将其存储在数据库中，支持后续的分析和处理。

（2）用户对输出结果评价行为的获取：在用户进行检索的过程中，系统可以主动去获取用户的反馈信息，最重要的反馈信息之一就是用户对文档的评价。因此，建立文档的评价机制，鼓励用户筛选出自己感兴趣的文档，并给出量化的评价值，系统会记录下用户对文档的评价值，并将获取的用户评价值及对应的文档 ID 存储在数据库中，支持后续的用户建模工作。

5. 用户模型构建模块

在行为监测模块，我们获取了用户在知识地图中的知识节点点击行为和对输出结果的评价行为，对这些用户行为进行合理的表示是用户建模的基础，用户模型构建模块的主要功能就是基于用户行为构建用户模型。

用户模型的表示决定了用户模型反映用户真实信息的能力和可计算能力，在一定程度上也限制了用户建模方法的选取。常见的用户模型表示方法有基于向量空间模型的表示法、主题表示法、用户 Bookmark 表示法、关键词列表表示法等。其中，基于向量空间模型的表示法用向量来表示用户的需求及主题内容，向量中的元素包含用户需求或文本主题的语义信息，通过计算向量间的相似度来衡量用户需求与文本主题之间的匹配程度。以下介绍用户需求表示方法的基本思路。

1）用户在知识地图中的知识节点点击行为的处理及表示

由于概念的内涵是对文档特征的抽象，因此将概念的内涵（特征词）抽取出来，用于描述用户的点击行为。用户的点击行为可以表示成所有用户点击概念的内涵的并集，即$\bigcup c_i \in u_{\text{click}} C_i(A_i)$，其中$u_{\text{click}}$表示所有用户点击的概念构成的集合，$C_i$表示用户点击的第 i 个概念，$C_i(A_i)$表示概念C_i的内涵。将该集合中的所有特征词抽取出来，融合成一个词汇序列$\{n_1, n_2, \cdots, n_{m1}\}$。统计特征词出现的频率，并对其做归一化处理，以此作为该词的权值。最后，可以将用户的点击行为表示为$n = ((n_1, W_1^n), (n_2, W_2^n), \cdots, (n_{m1}, W_{m1}^n))$，简写为$\left(W_1^n, W_2^n, \cdots, W_{m1}^n\right)$。其中，$W_{m1}^n$表示特征词$n_{m1}$在点击行为中的权重，权重值越大，说明特征词$n_{m1}$在用户点击的节点中出现的频率越高，反之，说明用户点击的节点中很少出现该特征词。

2）用户对输出结果评价行为的处理及表示

用户对输出结果的评价行为是指系统获取的用户对文档的评分行为。文档是通过特征词向量的形式来表示的，并且每一个特征词都对应一个权重。假设特征词集合用$t = \{t_1, t_2, \cdots, t_{m2}\}$表示，用户评价的文档为$d = \{d_1, d_2, \cdots, d_r\}$，用户对文档的评分为$I = \{I_1, I_2, \cdots, I_r\}$，特征词$t_{m2}$在$d_r$中的权重表示为$t_{w(t_{m2}, d_r)}$。那么用户对输出结果的评价行为可以表示成：

$$R_{m2 \cdot r} = \begin{bmatrix} t_{w(t_1,d_1)} * I_1 & \cdots & t_{w(t_1,d_r)} * I_r \\ t_{w(t_2,d_1)} * I_1 & \cdots & t_{w(t_2,d_r)} * I_r \\ \vdots & & \vdots \\ t_{w(t_{m2},d_1)} * I_1 & \cdots & t_{w(t_{m2},d_r)} * I_r \end{bmatrix} \tag{6-3}$$

从矩阵（6-3）可知，特征词t_{m2}在用户评价行为中权重值为$\sum_{i=1}^{r} t_{w(t_1,d_i)}$，那么，

用户评价行为就可以用一个向量简化表示，可表示成：$R=\left(\left(t_1,\sum_{i=1}^{r}t_{w(t_1,d_i)}\right),\left(t_1,\sum_{i=1}^{r}t_{w(t_2,d_i)}\right),\cdots,\left(t_1,\sum_{i=1}^{r}t_{w(t_{m2},d_i)}\right)\right)$，简写为$\left(W_1^d,W_2^d,\cdots,W_{m2}^d\right)$。其中，$W_{m2}^d$表示检索词$t_{m2}$在文档中的权重，权重值越大，说明特征词$t_{m2}$在用户感兴趣的文档中出现的频率越高，反之，说明用户感兴趣的文档中很少出现该特征词。

预处理之后的用户行为包括两种：用户在知识地图中的知识节点点击行为和用户对输出结果的评价行为。用户在知识地图中的知识节点点击行为获取的是节点信息，属于知识概念层面，知识概念是从文档空间中提炼、抽取出来的，更为抽象，属于较宽的范畴；用户对输出结果的评价行为是获取的用户对文档的评价，文档是用特征词描述的，更为泛化，包含了更细粒度的一些信息。在构建用户模型时，需要融合这两个层级的用户行为信息，知识概念节点从更为概括的层面对用户行为进行描述，文档的特征词则包含了一些更为个性化的用户信息，实现了对知识概念的补充，图 6-6 是用户行为融合的示意图。

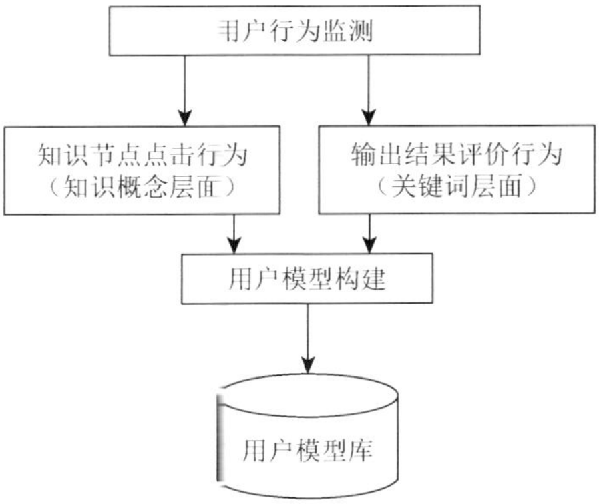

图 6-6　用户行为融合的示意图

在融合两方面的用户行为时，需要考虑到不同的用户行为对于用户需求反馈的重要程度也是不同的，我们需要为用户行为赋予相应的权值。假设用户模型用 u 表示，用户兴趣空间中共包含 m 个特征词，那么用户模型 u 可以表示成一个 m 维的向量：

$$u=\left(W_1^n,W_2^n,\cdots,W_m^n\right)*h_{a1}+\left(W_1^d,W_2^d,\cdots,W_m^d\right)*h_{a2} \tag{6-4}$$

式中，h_{a1}为用户在检索过程中知识节点点击行为的权重，h_{a2}为用户评分行为的权重，$h_{a1}+h_{a2}=1$，权值越大就越能反映用户需求。

最终用户兴趣模型 u 可以表示成：

$$u=\left((k_1,W_1^u),(k_2,W_2^u),\cdots,(k_m,W_m^u)\right) \tag{6-5}$$

可简写成：

$$u=\left(W_1^u,W_2^u,\cdots,W_m^u\right) \tag{6-6}$$

式中，k_m 为第 m 个词汇，W_m^u 为用户对词汇 k_m 感兴趣的程度，即词汇 k_m 在用户兴趣中的权重。

6. 排序模块

排序模块的主要功能是根据相关性算法对索引数据库中的文档进行排序。当用户模型和文档都用向量空间模型方法表示为向量的形式之后，就可以将用户兴趣和文档信息的匹配问题转化为向量空间中的向量之间相似性匹配问题来进行处理。两个向量之间相似度的度量方法有向量夹角余弦、卡方距离、相对熵等，其中向量夹角余弦方法是计算相似度的常用方法（Guo et al.，2006; Hao et al.，2007）。利用向量夹角余弦方法计算文档相似度是基于余弦定理的：假设向量由若干特征项及其相应特征值构成，如果两个向量的相似度越高，它们在各特征上的重合度也就越高，因此它们之前的夹角也越小，按照余弦定理，其余弦值也越大。假设用户兴趣 u 用 $u=\left(W_1^u,W_2^u,\cdots,W_m^u\right)$ 表示，文档 d 用向量 $d=\left(W_1^d,W_2^d,\cdots,W_m^d\right)$ 表示，则用户兴趣和文档向量相似度的一般计算公式如下：

$$\mathrm{sim}(u,d)=\frac{u\cdot d}{|u|*|d|}=\frac{\sum_{i=1}^{m}W_i^d*W_i^u}{\sqrt{\sum_{i=1}^{m}(W_i^d)^2}*\sqrt{\sum_{i=1}^{m}(W_i^u)^2}} \tag{6-7}$$

根据上述公式，能得到文档和用户兴趣的匹配度，根据匹配度的大小，对文档进行排序，也可以为 $\mathrm{sim}(u,d)$ 设置一个阈值，将所有低于该阈值的信息过滤掉，实现个性化信息检索。

6.3　基于知识地图的个性化信息检索系统的实现

为了验证所提出的系统模型设计方案，本书设计了一个基于知识地图的个性化信息检索系统，并将其应用到网易公开课——中国大学视频公开课的课程检索中。中国大学视频公开课是网易公开课推出的中国名校视频公开课项目，是用户较为常用的一个模块，其内容涵盖了历史哲学、文学艺术、经管法学等领域。但是，目前该模块的课程以线性排列的形式排列展示在网页上，成百上千的未经组织的课程一次性呈现在用户面前，给用户带来了一些检索和浏览上的负担。本章将基于知识地图的个性化信息检索系统应用于视频公开课的检索中，以期提高用户获取信息的效率和检索体验。

6.3.1 系统设计思想

基于知识地图的个性化信息检索系统 KM Search Engine 主要的设计思想如下。

需要完成文档空间的语义挖掘工作，这是整个检索系统的基础。具体流程如下：首先是抓取网络上的目标资源，其次对抓取的资源进行关键词抽取等预处理工作，然后将目标文档集作为对象，抽取的文档关键词集作为属性，建立相应的形式背景。基于已建立的形式背景，利用形式概念分析法抽取形式背景中的概念并识别概念之间的关系，构造出概念格，并将其存储在数据库中。在系统搜索界面上，获取用户输入的查询词，并在后台匹配到相应的概念集合，构建这些概念的局部知识地图，将基于查询的局部知识地图展示给用户。用户可以浏览知识地图，同时，也能够和知识地图进行交互，以快速找到符合自己需求的课程。同时，系统会监测用户的交互行为，获取用户的相关反馈，并利用这些数据构建用户兴趣模型，根据用户的兴趣模型对检索出的文档进行排序，并过滤掉不相关的信息。

6.3.2 系统总体实施架构

系统总体实施的架构图如图 6-7 所示。所构建的 KM Search Engine 系统采用 B/S 三层架构，系统使用的应用服务器为开源的 Nginx 后台服务器，应用服务器的部署环境为 CentOS7，应用服务器部署在阿里云托管的云服务器上。KM Search Engine 系统使用的开发语言为 Python、Vue.js、超文本标记语言（Hypertext Markup Language，HTML）和层叠样式表（Cascading Style Sheets，CSS）标记语言，数据库为 MongoDB 数据库管理系统。

6.3.3 数据采集及预处理

数据的采集和预处理是构建检索系统的前提，数据的采集是从网络上抓取所需信息的过程，数据的预处理就是抽取文档特征词的过程。在基于知识地图的个性化信息检索系统中，很多模块都建立在特征词抽取的基础上，包括文本特征向量的表示、知识地图的生成、用户模型的构建、结果处理四个模块，特征词的质量将直接影响系统的效率。数据采集及预处理的流程如图 6-8 所示。

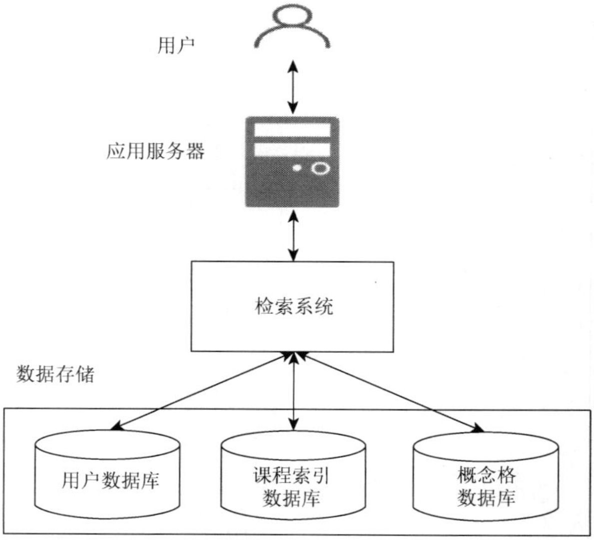

图 6-7 系统总体实施架构图

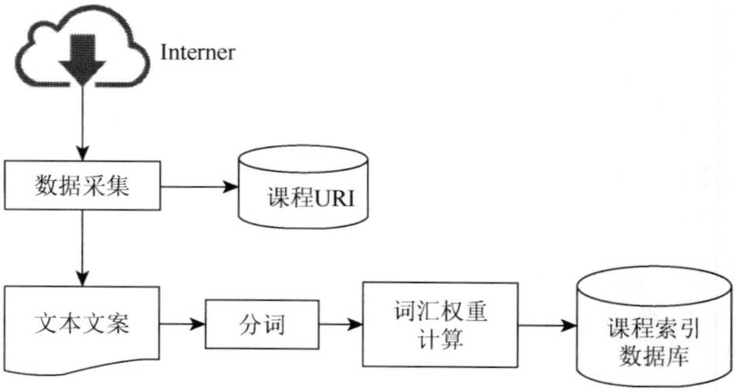

图 6-8 数据采集及预处理流程

1. 数据采集

使用 Python 语言编写爬虫程序，从网易公开课中抓取了中国视频公开课的 600 门课程数据。课程集涉及历史哲学、文学艺术、经管法学、工程技术、农林医药、基础科学六个领域，每个领域各包含 100 门课程。本系统的基础层级是语义挖掘层，也就是对课程空间的语义组织，因此数据采集环节需要获取能够反映课程关键内容或主题的信息。笔者认为，每门课程的关键内容是可以通过其课程题目、课程介绍和课程目录反映的。因此，采集的课程数据主要包括课程题目（文本格式）、课程介绍（文本格式）、课程目录（文本格式）、课程地址（统一资源定位符（Uniform Resource Locator，URL）格式）。

2. 分词

采集的课程内容信息主要包括课程题目、课程介绍、课程目录这三个文本文件，课程的特征词也是从这些文本中抽取出来的。在提取文档特征之前，首先要对这些文本数据进行中文分词和去停用词处理。中文文本是连续书写的形式，词与词之间并不像英文文本那样用分隔符——空格隔开，造成计算机对中文文本的理解困难。因此，对于中文文本，分词是一个极为关键的步骤。采用 Python 中的 jieba 包对中文文本进行分词工作，获得课程的全部词汇集合。在词汇集合中，包含了许多诸如“是”“呀”“这”“那”之类的停用词，这些无实际意义的停用词没有反映文档内容的能力，不能作为文档的特征词，需要从词汇集合中删除，以提高检索效率。

3. 词汇权重计算

经过分词处理的文档包含大量词汇，为了获取重要词汇在文档中的重要程度，需要为每个词分配一个权重。选取 tf-idf 方法计算每个词的权重，进而衡量每个词汇的重要程度， tf-idf 值越大，则代表该词汇对文档越重要，反之，则越不重要。这些词汇可以构成文档的索引项，将这些词汇连同文档一起保存在课程索引数据库中。

6.3.4　个性化检索功能实现

个性化检索模块的功能是接收用户的查询请求，向用户提供基于查询的可交互知识地图，并且监测用户和系统的交互行为，精准识别用户需求，在此基础上返回用户可能感兴趣的课程。具体实现过程如图 6-9 所示。

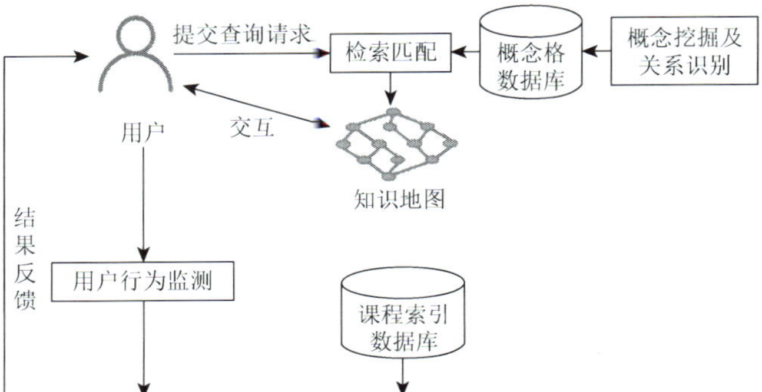

图 6-9　个性化检索的具体实现过程

个性化检索过程的实现依托于很多模块，下面介绍关键模块的实现过程。

1. 概念挖掘及关系识别

本系统的课程库包含 600 门视频课程，每门课程都被表示成包含特征词和权重的向量形式，选取每门课程中权重值排名靠前的前 8 个词汇作为属性词汇，共筛选出 1320 个属性词汇。根据 600 门课程和 1320 个特征词的对应关系，生成形式背景。之后，运用 Python 语言编写实现 Godin 算法的程序，利用代码程序从形式背景中共挖掘出 1495 个隐含概念，这些概念连同它们之间的偏序关系，构成课程空间的概念格，生成的概念格被存放在数据库中。

2. 知识地图生成

知识地图是用户能够与系统持续进行信息交互的必要模块，知识地图的生成需要基于概念格数据库的构建和检索匹配。首先需要对概念格建立以属性词为索引项的索引库，并将其存档在 MongoDB 数据库中。当用户向系统提交查询式的时候，系统会快速地在概念格数据库中匹配与查询式对应的概念，并将这些概念和概念之间的关系可视化成局部知识地图，在系统界面展示给用户。在用户与知识地图交互的过程中，用户每点击一个新的节点，系统就重新去概念格数据库中匹配和当前点击节点相关联的概念，并重新绘制知识地图，实时向用户提供与其即时点击相对应的知识地图。

3. 用户行为监测和用户模型构建

本系统主要是监测用户的两种行为：用户和知识地图的交互行为、用户对课程的评分，并将这两种行为有机地融合，构建能够反映用户兴趣的用户模型。由于两种行为反映的用户需求程度不同，两种行为对应的权重对于 h_{a1} 和 h_{a2} 也不同。因此，在系统基本搭建完成之后，单独设计了一组用户实验来验证采用不同权值设置方案构建的用户模型的有效性，本次实验提供了七种备选的权值设置方案，希望从中选取一种优胜的权值设置方案，用于构建用户需求模型。七个方案分别给两种用户行为赋予不同的权重，当 $h_{a1}=1$， $h_{a2}=0$ 时，仅采用用户点击节点行为进行建模。当 $h_{a1}=0$， $h_{a2}=1$ 时，仅采用用户对课程的评价行为进行建模，其余权重设置方案都是将两种行为融合建模。

实验共招募了 8 个实验对象，每个实验对象需要分别使用七种用户建模方案进行评价实验。具体实现流程为：用户选定某个感兴趣的方向，在该方向下选取 4～6 篇感兴趣的课程，并打分（打分等级为 4 分或 5 分），系统会使用选定的方案向用户按顺序推荐一些检索结果，用户需要根据自己感兴趣的程度对检索结果中的前 4～6 篇进行评分，评分等级为 1～5 分，3 分及 3 分以下代表不感兴趣，4

分表示感兴趣，5 分表示非常感兴趣。每个用户需要进行七次上述实验，具体实验数据如表 6-3 所示。

表 6-3　权重测试实验数据

受试者编号	$h_{a1}=1$ $h_{a2}=0$	$h_{a1}=0$ $h_{a2}=1$	$h_{a1}=0.3$ $h_{a2}=0.7$	$h_{a1}=0.4$ $h_{a2}=0.6$	$h_{a1}=0.5$ $h_{a2}=0.5$	$h_{a1}=0.6$ $h_{a2}=0.4$	$h_{a1}=0.7$ $h_{a2}=0.3$
test1	3.4	4.5	4.6	3.17	4	3.83	3.3
test2	4.67	4.4	4.7	4.67	3.67	4	4.33
test3	3.8	3.3	4	3.4	3.4	2.6	3.2
test4	3.6	3.4	4.8	3.4	3.4	3.8	3.3
test5	3.5	3.5	4.57	3.83	4	4.67	3.67
test6	4.4	4.2	4.6	4.5	4.6	3.83	4.16
test7	3.8	4.3	4.5	4.1	4	4.2	3.9
test8	3.67	4	4.3	4.1	3.9	3.8	3.83

从表 6-3 中可以发现，对于 8 个实验对象，在 $h_{a1}=0.3$，$h_{a2}=0.7$ 的方案中，对课程评分的均值最高，也就是说，当 $h_{a1}=0.3$，$h_{a2}=0.7$ 时，推荐效果最令用户满意。因此，在构建用户模型时将采纳此种方案，将知识节点点击行为的权重设置为 0.3，将用户对输出结果的评价行为的权重设置为 0.7。

6.3.5　用户接口功能实现

基于知识地图的个性化信息检索系统的用户接口如图 6-10 所示，从图中可以看出，用户接口界面由四个部分组成：第一部分是界面最上方的检索词输入框，这部分是用来支持用户的关键词搜索功能的。第二部分是左下方的知识地图模块，通过知识地图可视化地展示概念和概念之间的关系，支持用户和系统的迭代交互，帮助用户逐步精练检索结果集。图 6-10 是知识地图的一个示例，展示了“历史”这个概念节点下面包含的子节点及其之间的关系，并根据用户设定的阈值，生成深度为 3，广度为 7 的知识地图。第三部分是右下方的检索结果展示部分，这部分展示的是与用户需求相匹配的课程信息，包括课程发布学校、课程名称和课程简介这些信息。同时，这部分还在每个课程简介下方提供了用户评分的标签，用户可以通过该功能对课程进行打分。第四部分是界面右上方的“推荐”功能，用户向系统提交其对某几门课程的评分信息之后，点击“推荐”标签，系统便向用户推荐其可能感兴趣的课程。

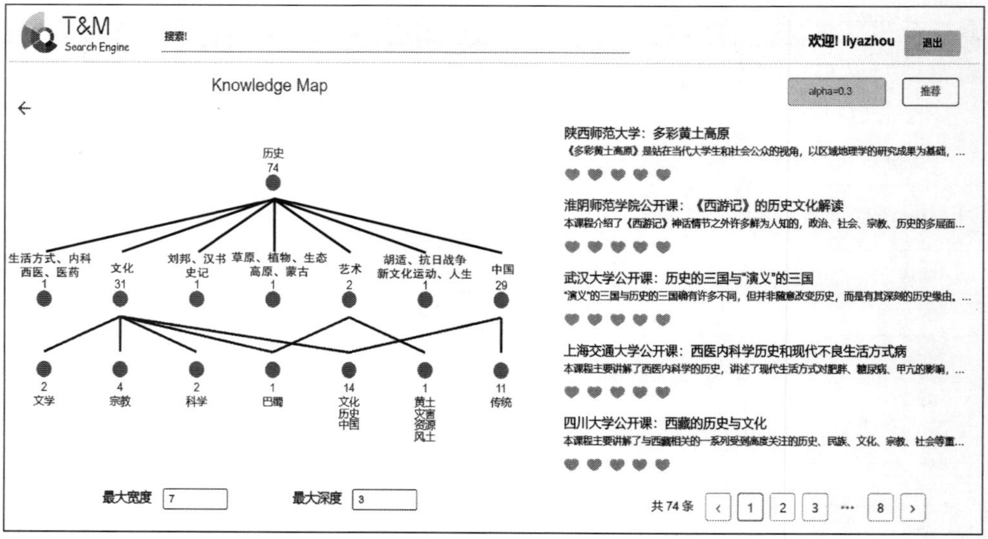

图 6-10　用户接口界面

6.4　实验评估

6.4.1　实验目的

基于知识地图的个性化信息检索系统模型旨在帮助用户查找信息，提升用户信息获取的效率和体验。为了验证该系统模型在提升用户检索效率和体验方面的有效性，设计了一个对比实验，通过对用户在使用网易公开课和基于知识地图的个性化信息检索系统执行任务时所表现出的行为及喜好进行实验与观察，从检索总时间、锁定感兴趣方向的时间、锁定感兴趣方向的难易程度、对课程的感兴趣程度、交互次数、用户体验等方面对检索系统进行评估。

6.4.2　实验设计方案

1. 实验对象

针对实验研究的目的，本实验需要用户检索网络课程库。具备一定检索经验和学历背景的用户对检索系统比较熟悉，能较为熟练地在检索界面执行给定的任务，能够很好地避免检索困难、半途而废等情况。因此，实验对象确定在具有一定检索经验和学历背景的用户群体。此外，考虑所选用的课程库中包含的课程范围比较广，涉及文学、艺术、哲学、历史等多个领域。为了使实验对象的兴趣覆盖各个领域，我们将选择来自不同专业或研究方向的用户。

本实验共计招募武汉大学 44 名学生，其中 19 名男生，25 名女生。实验对象来自 12 个学院，21 个不同的专业，具体学院与专业分布信息如表 6-4 所示。

表 6-4 实验对象专业分布信息表

学院	专业	人数
测绘遥感信息工程国家重点实验室	测绘工程	1
电子信息学院	仪器科学与技术	3
	电气工程	1
法学院	法学	2
经济与管理学院	会计学	1
	经济学	3
	市场营销	2
计算机学院	计算机技术	6
马克思主义学院	思想政治教育	1
生命科学学院	细胞生物学	4
	生化与分子生物学	1
水利水电学院	水利工程	1
	水文学及水资源	1
外国语言文学学院	外国语言学及应用语言学	1
	英语	1
文学院	汉语国际教育	3
信息管理学院	图书情报	3
	管理科学与工程	2
	情报学	3
哲学学院	心理学	3
	宗教学	1

2. 实验任务

实验对象分别在网易公开课和基于知识地图的个性化信息检索系统中执行下述任务。

首先，从历史哲学、文学艺术、经管法学、工程技术、农林医药、基础科学这六个领域中选取一个感兴趣的大类（两个系统选择的大类不能相同），并在纸上记录下来；其次，浏览该方向下的 100 门课程，在浏览过程中逐步聚焦自己的兴趣范围，总结出自己感兴趣的小方向（如古代史），并在纸上记录下来；然后，在系统中找出该方向下 4～6 门感兴趣的课程，对其按照感兴趣的程度进行打分，打分范围为 1～5 分（1 分表示完全不感兴趣，2 分表示不感兴趣，3 分表示一般，4 分表示感兴趣，5 分表示非常感兴趣），并在纸上做好记录。

使用基于知识地图的个性化信息检索系统时，还需要执行另外的实验任务（不计入实验对象所用时间），即点击系统的“推荐”功能，系统会按照你感兴趣的程度对课程进行排序，并过滤掉一些你可能不感兴趣的课程。你需要依据感兴趣的程度对这些课程打分，此次打分需要对系统返回的前 10 门课程进行逐一打分（之前已打过分的课程不需要二次打分）。

3. 实验流程设计

如图 6-11 所示，在实验开始之前，需要告知实验对象此次实验的目的是对比两个检索系统，并且告知实验对象整个实验的流程。接着，对实验对象进行系统操作的说明和培训，帮助实验对象熟悉实验环境；在实验对象了解了实验流程，并且熟悉了实验环境之后，安排一半实验对象以网易公开课开始实验，另一半实验对象以基于知识地图的个性化信息检索系统开始实验。在实验期间，给予实验对象充分的时间来回答每个问题。当实验对象选定课程大类即开始计时，同时启用屏幕录制工具，研究者需要记录下实验对象锁定感兴趣的小方向所用的时间，实验对象执行完相应的检索任务即停止第一次计时。更换系统，重新开始计时，实验对象重复上述实验步骤。实验对象在使用基于知识地图的个性化信息检索系统时，还需要使用系统的推荐功能，并进行打分评价。在检索实验完成后，研究者基于实验对象检索过程中的行为和感兴趣的课程，对实验对象进行访谈。实验过程大约 40min。

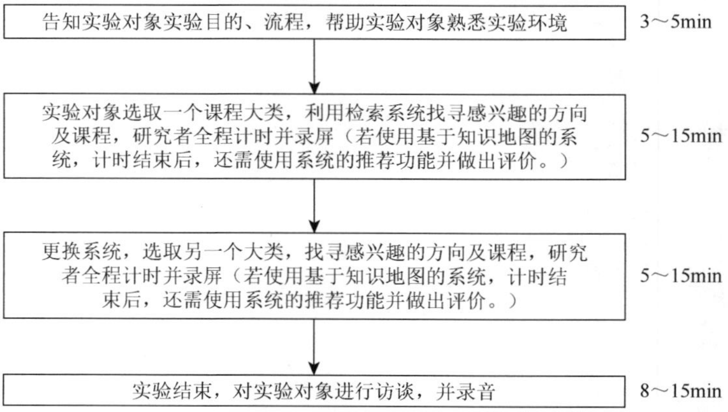

图 6-11　实验流程

6.4.3　实验数据收集

实验收集的数据有三类。

1）检索过程的屏幕录制文件

在检索过程中，研究者将用屏幕录制工具将实验对象的检索、点击行为记录下来，使得研究者可以直观地了解实验对象的检索和点击过程。

2）访谈音频数据

在检索实验结束后，研究者根据实验对象的具体情况进行访谈，访谈问题包括：在执行给定检索任务的时候，哪个系统比较好？分别使用两个系统确定感兴趣小方向的难易程度如何？使用过程中有什么困难？哪些功能对检索系统来说比较重要？对基于知识地图的个性化信息检索系统有什么建议？对基于知识地图的系统的个性化推荐课程是否满意？

3）相关统计数据

实验过程中，研究者将记录每个实验对象使用两个系统执行任务时所花费的时间、实验对象对检索结果的评分以及实验对象对个性化推荐课程的评分。这些数据将被保存下来，支持后续的数据分析工作。

6.4.4　实验结果及分析

表 6-5 列出了实验对象在使用两个系统时的检索总时间、锁定感兴趣方向的时间、锁定感兴趣小方向的难易程度、实验对象对课程的评分、交互次数这五个指标的平均值与标准差，通过表格数据的对比分析，可以从不同的检索系统中分别看出检索总时间、锁定感兴趣小方向的难易程度、实验对象对课程的评分和交互次数的差异。

表 6-5　实验对象执行检索任务数据

指标	网易公开课		基于知识地图的个性化信息检索系统	
	均值	标准差	均值	标准差
检索总时间/min	6.48	1.75	5.10	1.63
锁定感兴趣方向的时间/min	3.65	1.17	1.38	0.94
锁定感兴趣小方向的难易程度（1～5 分）	2	1	4.25	0.43
实验对象对课程的评分（1～5 分）	4.53	0.2	4.53	0.19
交互次数/次	5	3.5	16	13.2

为了充分地对数据进行分析，在比较两个检索系统时，对检索总时间、锁定感兴趣方向的时间、锁定感兴趣小方向的难易程度、实验对象对课程的评分和交互次数进行分析，并分别使用显著性检验方法比较两个检索系统之间的不同。

1）检索总时间

通过表 6-5 中的结果来看，使用基于知识地图的个性化信息检索系统时，实验对象的总体平均用时为 5.10min，少于使用网易公开课时实验对象的总体平均用时的 6.48min，使用统计学上的配对样本 t 检验方法对两组检索时间进行分析，发现实验对象的检索时间在两个检索系统中的差异较大，在统计学上具有显著差异（置信度概率 p 为 1.06×10^{-9}），也就是说实验对象在使用基于知识地图的个性化信息检索系统进行检索时花费的时间比使用网易公开课要少。同时，从表 6-5 中也可以看出，基于知识地图的个性化信息检索系统的检索时间标准差低于网易公开课，说明使用基于知识地图的个性化信息检索系统的实验对象完成任务的时间比较接近。

具体到每个个体来看，在全部 44 个实验对象分别使用两个系统进行检索的过程中，只有 3 个实验对象在使用基于知识地图的个性化信息检索系统时比使用网易公开课耗时多一些，其余 41 个实验对象在使用基于知识地图的个性化信息检索系统完成任务所需时间都比网易公开课要少，约占总人数的 93.2%。

从上述分析可知，实验对象使用基于知识地图的个性化信息检索系统进行检索花费的时间比网易公开课要少，也就是说，在基于知识地图的个性化信息检索系统的帮助下，实验对象可以更高效地找到感兴趣的课程。

2）锁定感兴趣方向的时间

除了检索总时间，实验对象锁定感兴趣方向的时间也是一个重要的对比指标，通过对比这个时间，可以分析基于知识地图的个性化信息检索系统是否能帮助实验对象更快地确定感兴趣的方向。通过表 6-5 可以看出，实验对象在不同系统中确定感兴趣的方向所需时间有一定的差异，在使用基于知识地图的个性化信息检索系统时，实验对象平均花费 1.38min 找到感兴趣的方向，而使用网易公开课时，实验对象平均花费时间为 3.66min，比基于知识地图的个性化信息检索系统多了 2.28min。通过配对样本 t 检验方法对两组数据进行分析，发现两组数据存在显著性的差异（置信度概率 p 为 0.008）。上述数据表明，相比于网易公开课，基于知识地图的个性化信息检索系统能够帮助实验对象更快地锁定自己感兴趣的方向。

3）锁定感兴趣小方向的难易程度

在完成了实验任务之后，研究者要求实验对象对自己锁定感兴趣小方向的难易程度进行打分，打分范围为 1～5 分，分数越高，代表越容易。结果显示，使用基于知识地图的个性化信息检索系统的实验对象的打分均值为 4.25 分，远高于使用网易公开课的实验对象的打分均值 2 分。研究者对实验对象的打分进行配对样本 t 检验后，发现两个系统确实有显著性差异（置信度概率 p 为 0.003）。由此可见，使用基于知识地图的个性化信息检索系统更能减轻实验对象找到感兴趣小方向的负担，帮助实验对象轻松地找到自己感兴趣的课程方向。

此外，研究者对实验对象锁定感兴趣小方向的过程进行观察和访谈，以分析实验对象使用不同系统时的感受与困难。通过分析实验对象的屏幕录制和访谈素材可以看出，实验对象在使用网易公开课确定感兴趣的方向时，缺少对课程的了解，只能按顺序向下翻找，由于课程数量较多，浏览的过程中有时会出现思维混乱的情况，忘记之前看过的课程；有的实验对象也会出现刚开始确定了某个感兴趣的方向，在后续的浏览过程中，又看到其他的课程，改变了自己感兴趣的方向的情况。总之，实验对象在使用网易公开课确定自己感兴趣的小方向时，会比较纠结、感到困难。而在使用基于知识地图的个性化信息检索系统时，实验对象往往能通过知识地图中展示的概念及概念间的关系对课程库的框架有进一步的理解，实验对象通过两三次点击，就可以比较精准地锁定自己感兴趣的方向，不需要耗费大量的精力去浏览每一门课程。

4）实验对象对课程的评分

对课程的评分是实验对象对所选课程的评分，打分的依据是实验对象感兴趣的程度。从表 6-5 也可以看出，实验对象在使用两个系统时，对检索结果评分的总体均值是相同的，不存在差异。这是由于实验对象在实验过程中有充分的时间去查找自己感兴趣的课程，因此，虽然检索时间有差异，但对最终所选课程的评分没有差异。

5）交互次数

基于知识地图的个性化信息检索系统利用知识地图对课程库进行了进一步的组织。研究者通过观察实验对象使用该系统时的点击、搜索和浏览行为，得出以下信息：实验对象在执行实验给定任务的过程中，首先，浏览知识地图，通过查看概念及概念之间的连线关系，了解课程库的全局框架；接着，如果实验对象想了解某个概念，点击该节点，获得关于该概念下更详细的课程信息。在这个过程中，实验对象与系统进行多次交互，通过点击知识地图来帮助他们缩小或改变搜索结果的范围。

通过对实验对象与系统交互次数的统计（未考虑实验对象滑动鼠标翻页和点击翻页行为）可以看出，相比于网易公开课，实验对象在使用基于知识地图的个性化信息检索系统时，与系统的交互次数较多，平均交互次数为 16 次。而在使用网易公开课时，实验对象与系统的平均交互次数仅有 5 次。研究者对交互次数进行配对样本 t 检验后发现，实验对象在两个系统的交互次数确实有显著性差异（置信度概率 p 为 2.42×10^{-6}）。

通过上述分析可以看出，基于知识地图的个性化信息检索系统为实验对象提供了有力的支持，促进实验对象和系统的交互，通过深度交互帮助实验对象理解信息空间。而网易公开课直接向实验对象展示紧密排列的上百门课程，没有向实验对象提供有力的交互支持，造成系统感知不到实验对象的具体需求，也无法向实验对象提供任何帮助，使得实验对象感到负担很重，无所适从。

在基于知识地图的个性化信息检索系统获取了实验对象的兴趣信息之后，系统会按顺序向实验对象推送一些其可能感兴趣的课程，研究者要求实验对象依据感兴趣的程度对系统推荐的前 4～6 门课程打分，打分范围为 1～5 分，3 分及 3 分以下表示不感兴趣，4 分表示感兴趣，5 分表示非常感兴趣。在本次实验中，对于系统推荐的 238 门课程，实验对象感兴趣的课程（评分为 4 分或 5 分）共计 188 门，占比达 79%。其中实验对象非常感兴趣的课程（评分为 5 分）有 85 门，约占总数的 36%。在系统推荐的这些课程中，每个实验对象都有非常感兴趣的课程，其中有 28 个实验对象有不止一门非常满意的课程，占总实验对象的 63.6%。

表 6-6 展示了推荐结果评分的最大值、上四分位数、中位数、下四分位数、最小值等统计信息。通过表 6-6 的分析结果可发现，所有实验对象评分的平均值都在 3.17 分以上，评分的上四分位数为 4.5 分，中位数为 4.2 分，下四分位数为 3.83 分，这表明，评分的高分段实验对象较多，1/4 的实验对象评分在 4.5 分以上，1/2 以上的实验对象评分在 4.2 分以上。

表 6-6　推荐结果评分统计表

	最大值	上四分位数	中位数	下四分位数	最小值
分数	4.67	4.5	4.2	3.83	3.17

本实验对于实验对象检索结束后的问题访谈，聚焦于实验对象使用两个系统之后的感受、体验和建议。包括以下五个问题：①在执行给定的任务的时候，你觉得哪个系统比较好？②在使用两个系统执行任务的过程中，分别遇到了哪些困难？③如果让你自己定义一个检索系统，你希望它提供哪些功能？④对于系统个性化推荐的课程，你是否满意？⑤对于基于知识地图的个性化信息检索系统，你有没有什么建议或意见？对实验对象的访谈数据进行分析，主要得出以下结论。

（1）在 44 个实验对象的访谈中，有 39 个表示在执行给定的检索任务时，觉得基于知识地图的个性化信息检索系统更好，给自己的检索过程提供了很多帮助。实验对象指出基于知识地图的个性化信息检索系统的具体表现为分类清晰、帮助认知信息空间、提供了课程的全局框架、帮助缩小查找范围、帮助精练搜索结果。例如，一个实验对象在接受访谈的时候说道："觉得基于知识地图的个性化信息检索系统比网易公开课更好一点，知识地图的分类比较详细，让我可以一目了然，很方便地找到感兴趣的方向，并且知识地图的每个节点都链接到相应的课程，想了解哪一个方向的课程，点击节点就能看到。而网易公开课相比于基于知识地图的个性化信息检索系统，没有分类组织的功能，课程较为杂乱，在寻找自己感兴趣的课程的时候，感到比较费劲。”还有实验对象表示：“知识地图将一些关键词连接起来，会对我有一些启发，可以顺着连接线从某个大的类别一直点击下去，找到自己感兴趣的方向，我可以直接从知识地图上提炼出一些方向；而在使用网易公开课的时候，我需要浏览全部课程并自己总结出一个方向，这个过程带给我的负担较重。”

（2）两组实验对象在检索过程中遇到的困难存在一些差异，对于基于知识的个性化检索系统，实验对象对系统不熟悉，在操作使用方面有些不适应。例如，一个实验对象反映：“我对网易公开课的界面较为熟悉，有一些固定的用户习惯和思维模式，对系统提供的知识地图这样的新功能有些不太适应，虽然对我的帮助挺大的，但还是存在一些不太习惯的地方。”对于网易公开课，约 90%的实验对象都觉得在使用过程中遇到了困难，具体表现为课程太多、课程杂乱、课程分类不合理、找起来费劲、花费时间较长。

（3）对于一个较为理想的检索系统，实验对象也都表述了自己认为比较重要的功能。除了基本的关键词搜索功能之外，实验对象最看重的三个功能分别为分类组织功能、个性化推荐功能、友好的检索界面，其中，37 个实验对象认为分类功能比较重要；例如，访谈中一个实验对象提到：“清晰的分类体系能够帮助我了解课程库，快速找到感兴趣的课程，不至于在众多、杂乱的课程中迷失自己。”23 个实验对象认为个性化推荐功能是一个比较重要的功能，“个性化推荐功能可以向我推荐一些我感兴趣的课程，这些课程可能是我自己没发现的，有时候能带来意料之外的惊喜，希望个性化推荐功能可以做到及时推荐。”20%的实验对象认为检索系统需要有较为友好的用户界面；还有一些实验对象认为其他功能也很重要，如保存历史记录的功能、用户评论功能，检索系统充分理解自己的需求、有较大的检索素材库等。

（4）对于系统个性化推荐的课程，绝大多数的实验对象都表示比较满意，同时，也有个别实验对象指出，当个人的偏好是交叉领域时，推荐的课程不很理想。“我对数学在经济或者生活中的应用课程感兴趣，比如‘经济生活的数学魅力’和‘统计与生活’，而系统的推荐结果更偏向数学专业，没有照顾到交叉性。”

（5）对于基于知识地图的个性化信息检索系统的改进意见，实验对象普遍认可知识地图的作用和价值，并且认为推荐功能效果良好。同时，也提出了一些建议，这些建议主要集中在：①美化界面。系统现有的界面过于单调、简单，建议增加系统的美观度，可以像网易公开课一样，增加一些课程图片，这样看上去会更直观、明了；②扩充课程库。目前数据库中的课程有些少，希望后续能增加数据库的课程数量。

综合来看，本章所提出的基于知识地图的个性化信息检索系统实现了对课程的挖掘和组织，引导用户探索课程，帮助用户快速找到感兴趣的课程方向及课程，提高用户获取信息的效率和检索体验。验证了网络信息表征的合理程度会影响用户利用信息的效率这一观点（刘燕君等，2013）。

6.5 小结

本章针对基于知识地图的个性化信息检索系统的关键技术进行了阐述。一方面，利用形式概念分析方法挖掘并可视化文档空间中的概念及其关系，构建知识地图，提供交互功能，帮助用户快速聚焦和扩展查询。另一方面，构建基于交互行为和显性反馈的用户模型，精准识别用户真实的需求，提供个性化的搜索结果。实验分析表明，这种基于知识地图的个性化信息检索系统能够帮助用户快速聚焦所需信息，向用户提供符合其个性化需求的搜索结果，提升用户信息获取的效率和体验。

第7章 用户在探索式搜索过程中的知识建构模型

7.1 探索式搜索的基本概念

探索式搜索的定义最早是Marchionini在2006年提出来的，他认为探索式搜索可被用于描述一个信息搜索问题的情境，该情境是开放式的、持续发生的、多面的，也可被用于描述信息搜索过程，该过程是机会主义的、迭代的、多策略的。在第一种意义下，探索式搜索通常被用于科学发现、学习和决策制定的情境；在第二种意义下，探索式策略被用于各式各样的信息搜索，反映搜索者的偏好、经验以及目标（Marchionini，2006）。

探索式搜索与一般的信息查找不同，对于一般的信息查找，用户会输入详细具体的检索词并且会获得精确的结果。而学习和研究调查是探索式搜索的关键组成部分：这两种搜索活动是复杂的精神活动，学习型搜索通常是为了获取知识、理解概念、解释想法、比较或者聚合数据和概念。它往往需要多重迭代，并且返回的结果集通常需要搜索者浏览、比较并作出定性判断，也就是说，需要搜索者的认知加工和解释。而研究调查型搜索通常是为了制作计划、进行预测或者是从现有的数据中发现新知识。研究调查同样涉及多次迭代并且花费的时间较长，其目的在于分析、综合、评估和获取大量实质的现有知识。学习型搜索和研究调查型搜索均需要搜索者持续的且以一种探索性的心态参与。

探索式搜索有以下几个特点。

（1）探索式搜索的目标在于学习和调查研究。学习和调查研究是隐藏在探索式搜索活动背后的动机，在探索式搜索中，用户不能够简单地获得问题的答案，而需要去学习和理解。用户在探索式搜索中的学习也不仅仅是为了获取知识，更是对关于特定领域的高层次的智力能力的一种发展，其典型目的是创造诸如课程论文之类的知识产品（White and Roth，2009）。

（2）探索式搜索由不明确的或者非结构化的问题所激发，探索式搜索本身也充满着不确定性（Wildemuth and Freund，2012）。开放式的问题意味着用户的信息需求是不确定的，而用户在搜索过程中的信息获取也是不确定的。

（3）探索式搜索是动态的，会随着时间而发生变化。随着用户探索的深入，用户对相关主题的熟悉程度升高，用户的信息需求也会发生变化，对检索词的描述会越来越精准，整体的状态会从最初的模糊变为理解，掌握相关主题的知识也将会逐渐增多。

（4）探索式搜索经常伴随着一些认知活动和行为。用户在探索式搜索过程中需要进行学习、理解、判断、同化，当获取了信息并且理解了信息的意义之后，用户会将新学习到的知识用于更高阶的智力活动中，例如，将知识应用到新领域，对某一事物进行评估等。

7.2 基于扎根理论的探索式搜索知识建构研究设计

目前，对探索式搜索的研究主要围绕信息搜寻行为（Kang and Fu，2010；Miwa et al.，2011）、探索式搜索的认知模式（Karanam et al.，2017）、探索式搜索的认知风格（Palmquist and Kim，2000）。近年来，“搜索即学习”成为交互式信息检索的研究热点。Egusa 等（2010）对用户在探索式搜索前后的知识结构的变化进行了评价。Zhang 和 Soergel（2016）对用户在探索式搜索中意义建构的认知过程进行了研究，识别出了意义建构迭代的九种模式。此外，还有一些研究关注网络搜索学习效果（Collins-Thompson et al.，2016；Yu et al.，2018；Ghosh et al.，2018）。针对用户认知过程中的知识建构研究相对缺乏，本章的目的是利用扎根理论对探索性搜索过程中的知识建构过程进行建模，重点研究以下两个问题：①用户在探索性搜索中进行知识建构的活动范畴；②知识建构过程中核心范畴之间的关系。

7.2.1 扎根理论研究方法

扎根理论由 Glaser 和 Strauss（1967）共同提出，顾名思义，它是一种自下而上对理论进行建构的方法，即它从收集到的原始材料和经验事实中抽象出了新的概念与思想（Strauss and Corbin，1990），是一种螺旋式的由现场到理论，再由理论到现场的循环过程。

本书采取扎根理论对探索式搜索过程的知识建构进行研究的原因如下。

首先，探索式搜索过程是一个复杂而又动态变化的过程，这一过程具有很强的不确定性和探索性，扎根理论强调从原始资料中生成理论，避免先入之见，不提前预设理论，完全基于原始资料进行分析，从而获得非预期的理论，非常适合探索这类有着不确定性的研究问题。

其次，用户在探索式搜索的过程中，其知识建构过程是内在的微观的过程，而量化研究很难阐明用户在搜索信息和知识建构时头脑中发生了什么，采取扎根理论能够通过将研究者置身于研究现场，以研究者作为研究工具，聆听进行探索式搜索的用户的看法，深入用户的内心世界，从而能够深入地探究用户在探索式搜索过程中的思想和表达（Vassilakaki and Johnson，2015）。

最后，扎根理论需要研究者在整个研究过程中保持高度的理论敏感性，通过严格的资料分析技术对原始资料进行分析，有利于更全面、更细致地认识探索式搜索过程中用户知识建构的本质，揭示用户知识建构的规律。

7.2.2　探索式搜索实验系统

以 CNKI 作为用户探索式搜索实验所使用的系统，主要原因有以下几点。

（1）CNKI 是国内极具代表性的知识发现平台，信息资源极为全面，CNKI 囊括了国内 90%以上的知识信息资源，集中国学术文献、外文文献、学位论文、报纸、会议、年鉴、工具书等资源为一体，这些丰富的资源是探索式搜索得以进行的基础。

（2）CNKI 提供了丰富的信息服务功能，例如，CNKI 支持各类数据资源的统一检索、支持统一的导航模式、提供在线阅读功能和下载服务等，为用户在探索式搜索过程中进行知识获取和知识发现提供了极大的便利。

（3）CNKI 的用户群体分布非常广泛，其用户不仅包括高校的师生，还包括诸如知识型企业中需要进行知识创新的知识型员工等广大的校外用户。

7.2.3　研究对象选择

扎根理论研究方法在研究对象的选择上一般采取目的性抽样原则，目的性抽样为的是使能够为研究问题提供最大信息量的研究对象入选。选取武汉大学学生作为研究对象，主要原因如下。

（1）使用探索式搜索较为频繁的人群中，一类是知识型企业中的知识型员工，另一类是高校的师生，相对来说，高校师生更容易触及。

（2）武汉大学的研究生由于学术研究的需要，使用学术数据库的频率更高，搜索经验也很丰富，探索式搜索的使用更为频繁，而对于本科生教育也强调提升学生的自主学习能力，本科生在日常的学习中也经常遇到探索式搜索的情境。

故本书本着目的性抽样的原则，从武汉大学招募了 25 名学生，其中 12 名男生，13 名女生；13 名为本科生，12 名为硕士研究生，平均年龄为 22 岁（年龄范围为 19～24 岁）。研究对象来自 15 个不同的学院，22 个不同的专业。

7.2.4　探索式搜索任务

在探索式搜索任务设置方面，探索式搜索的一个典型场景便是对某个领域有一些兴趣，但是却没有具体的了解（White et al.，2006b）。探索式搜索任务的内涵是不精确的，没有统一的准确的答案，需要用户进行探索和学习。本次研究便是基于这样的场景，设置了一个典型的探索式搜索任务，该任务呈现如下。

假设你正在学习一门课程，该课程需要提交一篇关于某一主题主要研究内容的报告，你的主题是__________（备选主题有“知识共享”、“移动医疗”和“慕课”三个，可以从给定的三个主题中选择一个）。请通过 CNKI 搜索相关信息并进行学习，当你对自己的学习感到满意时，即可停止搜索，然后总结你的学习成果并形成课程报告，你有 60～90min 的时间来完成这一任务。

7.2.5 实验流程设计

在实验开始前，提前告知研究对象实验的目的是研究其在探索式搜索中的知识建构过程，并且介绍整个实验的过程。在研究对象了解了实验目的和实验过程之后，介绍探索式搜索任务的三个备选主题：“知识共享”、“移动医疗”和“慕课”。研究对象选择上述其中一个主题基于 CNKI 资源总库进行搜索和学习，研究对象可以多次更换检索式进行搜索，以便能够尽可能地对所选主题的研究内容进行详尽深入的学习，在搜索学习的过程中，研究对象通过出声思考和绘制概念图来外在地表达他们的思考过程、认知结构的变化以及学习到的内容。最后基于搜索学习的结果完成一篇对学习内容的总结报告。在探索式搜索实验完成之后，研究者基于研究对象的出声思考和绘制的概念图对研究对象进行访谈。整个实验过程保持在 90min 左右，研究对象的出声思考和访谈对话被全程录音，研究对象绘制概念图的过程也被全程录制，收集到的所有数据将被妥善保存。

7.2.6 探索式搜索实验数据收集

就探索研究对象在整个探索式搜索过程的知识建构而言，直接观察是行不通的，而直接在搜索结束后进行访谈又容易导致问题简化，为了探究在探索式搜索时用户的认知结构的变化过程，即用户的知识建构过程，必须使存在于大脑中的、“看不见的”知识建构过程能够外在化，能够显现出来，所以让研究对象在整个实验过程中讲出自己进行每一步的想法并且使用概念图方法将每一步都详细地记录下来，这样能够提供一个对整个过程更加详细且精确的记录。故采用的数据收集方法以出声思考法和概念图为主，辅以访谈和调查问卷法，以期达到记录客观翔实的目的。实验收集的数据有以下三类。

（1）出声思考音频数据。研究对象在进行探索式搜索的过程中，大声地将其正在进行的行为和思考过程用口头语言表达出来，使得研究者可以直观地了解研究对象的知识建构的思维过程，因此采用录音设备对研究对象的出声思考进行全程录音。

（2）概念图变化视频数据。基于语义网络、图式理论和学习理论的观点，可见知识结构是由概念和概念之间联系构成的，将研究对象内在的知识结构看作一个概念网络，便可以采用概念图的方法对研究对象的认知结构进行表征。研究对象通过绘制概念图能够使隐藏在头脑中的内在的知识结构（即认知结构）外化，易于研究者进行观察。在尽量不打扰研究对象的前提下，对研究对象绘制概念图的过程进行了录制。

（3）研究对象访谈音频数据。在搜索结束后，研究者根据研究对象的具体情况进行访谈，访谈问题包括：搜索中的整体思路是什么？在整个过程中遇到了哪些困难？希望得到什么样的帮助？为什么要放弃这方面的搜索？整个访谈的过程也使用录音设备进行了全程录音。

7.2.7 探索式搜索实验数据分析

研究者通过研究对象绘制的概念图的变化来外在地观察研究对象的认知结构的变化和知识建构过程，而通过使用出声思考法或是研究对象访谈得到的口头报告的材料作为扎根理论的原始数据来进行认知过程的探索是十分有意义的（Pressley，2000），故将录制的出声思考音频数据和研究对象访谈音频数据转录为文字，将观察到的研究对象绘制的概念图的变化过程也以文字的方式进行表达，从而得到扎根理论的原始材料。这三类数据互为补充，有利于研究者查漏补缺，从而更好地研究用户在探索式搜索过程中的知识建构过程。

将音频数据和视频数据转录为文本资料之后，便可利用扎根理论的资料分析方法进行数据的分析。

7.3 探索式搜索的知识建构模型分析与讨论

应用扎根理论的三级编码方法对原始资料进行深入的分析，在研究过程中进行了细致的分析归纳，通过开放式编码提取出了一系列概念及范畴，进而通过主轴编码进一步将范畴归纳为三大主范畴，最后应用选择性编码得到核心范畴，从而构建出探索式搜索的知识建构模型。

7.3.1 编码分析结果

数据收集于 2016 年 7 月 19 日开始，于 2016 年 8 月 6 日结束。研究者在实验结束后将所有研究对象的出声思考录音、概念图变化过程和访谈录音转化为书面文本。得到共计 25 份出声思考、访谈录音、概念图绘制过程转录文本，总计 16

万字。研究者通过对所得数据进行编码且进行不断比较提炼出反复出现的概念，并进一步将若干具有共性的概念分类，归为不同的范畴。而一些目前不能明确归类的概念则暂时搁置一旁，待不断进行比较之后，范畴的内涵和边界更加清晰，再将这些概念归入各自的范畴。编码过程分为三个层次：开放式编码、主轴编码、选择性编码。

1. 开放式编码

开放式编码使得核心概念及概念的性质能够浮现出来。在实验的不同阶段收集了多种类型的数据。实验开始前，研究对象填写的调查问卷和研究对象构建的概念图用于分析研究对象的搜索经验以及研究对象对所选主题的了解程度。实验进行时的出声思考以及实验后的访谈及概念图用于分析研究对象在整个探索式搜索过程中的知识建构过程。

首先，研究者将文本资料转化为概念。在数据分析初期阶段，对文本资料进行逐字逐句的密集分析，将数据分解为具体的事件、观念、行为，并赋予可以对其进行表征的名字。命名来源于已有文献概念和研究对象的文本材料中的原话，经过不断地比较、分析、讨论，一批概念浮现出来。在得到这些有效概念之后，进行类属分析。基于不断比较的原则，根据概念的属性将相似的概念进行分类、组织、整合，最终归于不同的更高层次的概念之下。经过开放式编码得到的范畴及其包含的有效概念和参考点如表 7-1 所示。

表 7-1　开放式编码范畴及其概念

范畴类别	有效概念	来源	参考点举例
识别信息需求	需求认知	8	想了解慕课是什么
	推理	14	既然叫移动医疗，肯定是跟互联网相关嘛，背景应该是移动互联网
	关联原有知识	11	我对它不了解，但是之前我做科研的时候，就有一个国家级项目是你们专业的，有个医疗档案还是什么的，所以就想到这个
初始化信息检索	打开 CNKI	8	打开了 CNKI
	选择检索词	12	首先肯定是先搜一个移动医疗应用
	输入检索词	10	检索开始的话，首先是最简单地直接输入关键词“知识共享”
注意到某篇文章	高被引	10	我一般看文献的话，首先通过它被引的次数来评价它的好坏，然后按照被引排序，发现高被引文献，这个肯定是要下载下来的
	来源权威	21	优先挑选那些核心的，就是期刊比较权威的
	高下载量	16	然后主要就是为什么选择这一个，就主要是它下载量比较高

续表

范畴类别	有效概念	来源	参考点举例
注意到潜在关键概念	注意到潜在的关键语句	1	有一些发展的过程、趋势等，觉得对我的了解有帮助
	注意到潜在的关键词	13	这个覆盖范围是在这篇文章里面提到的，所以我只是把它写下来而已，并不是自己归纳出来的，只是因为文章提到，觉得这个信息还比较有用，所以把它写下来
发现关键概念	舍弃不关键的概念	15	我觉得这个再深入研究就会有点偏题，我的意思就是它不是重点
	略过不感兴趣的概念	1	发现很多文献有提到慕课跟英语教学的方面，可能有用，但自己不太感兴趣，不想再继续查下去
	联想到新概念	23	然后我觉得这个东西既然城市智能化，会引发很多的法律的问题，所以我觉得在人文那边就可以再加一下，就是互联网智能可能会引发一些人文的问题，所以就基于自己的想法和一些线索，觉得要搜一下法治能力和法律
	确定关键概念	12	可能有些疾病的话，就是大家就比较注重保护隐私，不愿让别人知道，然后通过手机这个比较私密的传播渠道还能做到保护患者隐私，我觉得在这方面就是不知道把它该放到意义还是应用方面，但是觉得还是挺重要的
	增添关键词/概念	8	这篇也是通过起源定义分类特点，以及它们的组成元素。这个组成元素是刚才所遗漏的，所以就进行了一个补充
确定概念	确定概念	8，4	把之前的慕课网的概述，作为今天的第一个研究内容（8）； 在检索过程中，我发现就是互联网加医疗也可以作为移动医疗的一个研究方向（4）； 在检索的过程中发现互联网加医疗是一个移动医疗方向，很热的研究方向，所以我添加了这个（4）
估计概念之间的联系	无明显联系	1	《微博点名》这篇只是标题比较吸引人，但内容比较专业，跟在线学习关系也不是很明显
	理解概念	12	原来刚开始的时候，我以为移动医疗就是诊断治疗和监控方面的，然后看到现在我就是觉得那个定义比原来我认为的要扩大很多，它应该是从那个叫健康教育和健康意识那方面就开始囊括进去了。就是范围远比我想的要广泛
	意识到联系	10	它中间提到了团队沟通中的两个平台，实体平台和虚拟平台，虚拟平台和我刚刚看的信息管理系统好像有共通之处，它主要做的是实体平台
	意识到区别	12	我不知道网络医疗和移动医疗有什么区别，就是看的过程中看到的问题，然后看文章的时候肯定要去看这一块，看它有没有解释
	联想	1	第一反应就是网络课程，网络课程想到的就是老师在网络上面讲解　学生在下面学习的样子
	理解联系	16	关于知识共享，我主要是想了解一下它上游的这个，所以准备看一下它的这些基础概念就好，然后这个知识管理的上游就是知识，关于知识的一些视角，就从哪一个方面认识，看这些主要是对它后面的一些内容也有一些参考

续表

范畴类别	有效概念	来源	参考点举例
估计概念之间的联系	猜想联系	21	我想的话就是背景跟未来方向的话，应该它是一个差不多的一个方面，就是结合在一起的
确定概念间的联系	总分	13	然后现在写下的是它的两种应用模式，然后是根据这篇文章，我已经归纳出来了，然后我只是把信息给写下来，分为B2B和B2C的模式
	分支	14	下一个知道的是移动医疗是电子医疗的一个重要分支
	归类	12	其实这些都是比较清晰的，就应用方面的内容比较繁杂一些，应用方面可能和意义，可能和那个研究现状有一些冗杂的地方，然后包括它这个模式其实也是应用的一方面，然后现在归到现状这边了
	支撑	4	然后逐渐发现就是可穿戴设备，还有就是移动APP方向，都是在为这个医疗技术方向所进行的服务，然后他们所研究的方向也都是围绕医疗技术方向
	载体	5	Android平台，这个算是移动医疗发挥作用的一个载体，要不然移动医疗怎么实现
将高度相关的概念聚集成簇	总结归纳	13	然后现在归纳出了移动医疗所具有的优势，第一部分第一点是根据文章内容直接摘录所得，然后下面的三点，因为想要分析优势，首先就是移动医疗自身所具有的优势，然后二就是它对于整体的一个有利点，然后第三就是它对于患者的优势在哪里，然后第四就是对医生的优势在哪里，所以就按照这四个方面，然后归纳成了四个小点
	归类	6	然后我在对疾病的监测监控进行搜索的时候，发现它们俩是一起利用智能手机或者是穿戴移动监控设备系统转换进行生理信息的接收、处理、存储和远程的传输，然后我就把这两个归为一类
放弃概念	放弃孤立的概念	8	没有一点共同点，那就放弃这个
	放弃不感兴趣的概念	11	因为其实我是文科生，然后对这个也不太感兴趣，所以就算了
	放弃不合适的概念	13	你会发现有些概念，设计太宽泛了，它好像就没有涉及，所以会把一些关键词给删掉，或者是把它整理成其他的一个点
	放弃不重要的概念	11	觉得它好像没之前自己认为的那么重要，所以把它删了
创建联合概念	创建联合概念	11，21	这个是我自己生造的一个词，这个设备系统，不是我在文档中找到的关键词，就是我之前搜那个移动医疗的时候，它都有一个系统，然后我感觉应该是和支持它的那些设备有关系，所以给它想了一个设备系统这个词（11）； 然后它里面有一个很关键的这个词叫智慧，我们专业里面有一个就是智慧地球或者是智慧城市这样的一个专业名词，所有的信息都是以很智能化的一种方式，然后把这三个方面结合在一起，然后认为它应该是移动医疗未来发展的一个发展的方向，远程医疗、移动医疗跟智慧医疗（21）

续表

范畴类别	有效概念	来源	参考点举例
确认类簇之间的关系	识别类簇之间是否有关	7	我检索出来这个移动医疗健康市场，点进去看了之后发现它的问题现状和前景，然后根据它的这个问题一般有好的也有不好的，然后就联想到了移动医疗跟传统医疗去做一个对比
	估计类簇之间的关系	5	面临危机和监管，一个新事物的出现，最后一个肯定是它的反馈或监管什么的，也就是它的不足或需要改进的地方
	识别类簇之间的松散关系	5	第一个是移动与传统医疗的关系，首先是区别包括技术，还有继承关系，类比电商和实体商家，它们之间的那种继承关系都是因为是同一种，内在是一样的，区别的话就是它们的盈利方式和进行生存的方式不一样，那么移动医疗和传统医疗是不是和这个比较类似
	识别类簇之间的紧密关系	12	我开始看论文的时候，先是总结其中的，就是你从上面能看出来，先是小部分，然后慢慢扩充，然后扩充之后，就是包括那种像一级目录、二级目录一样的，然后发现有些是这样分的，就是院前、院中、院后，然后最后把它给统合起来
联结复杂联通网络	联结	7	就是由一个点找到另外三个点，然后在这三个点再继续去深入
个人解释	满意	11	差不多了吧
	解释形成的知识结构	12，13	刚开始是肯定知道有一个概念，有一个时间脉络的，然后后边的都是慢慢看的过程中才能总结出来（12）；（那你是这样一部分逐渐深入吗？还是说这几个同时都知道有这几个方面，然后再逐步填充的？）应该都是同时的吧，就是反正就是不同的文章，然后看这个的时候可能已经看到它了，然后就是它们也可能有交叉的地方，然后就是把它们摘出来，然后别的文章里边有专门讲这一部分的，然后觉得它可以作为一个框，然后就是把前面那个，如果冗杂的话就把它们分开来，然后在后边发现就是有继续扩充的，然后就再添加进去（12）；首先是我先要想一些问题，就是说我想要在这个上面得到什么，然后会根据我们想要得到方面的那些内容，然后去一一进行检索，然后去看那个文献是否有涉及我想要知道的内容，然后如果有的话就把它给归纳整理下来，然后画成这种思维导图，最后就是通过对这些文章的归纳总结，加上自己的理解之后，然后就对这个有一定的了解了（13）

2. 主轴编码

主轴编码的目的在于识别隐藏在数据中的关系，以及与关系密切相连的用户行为，用户的想法以及用户与系统的交互等。它是为了回答诸如“为什么”“怎么样”的问题，从而使得概念之间的关系得以显现。在这一编码过程中，将从开放式编码中形成的 16 个范畴进行进一步的合并，发现并建立概念与概念、概念与类属之间的各种关系，这些包括语义关系、因果关系、情境关系、功能关系、过程关系、相似关系等（陈向明，2000）。每次只对其中的一个概念类属进行分析，识别其与其他概念之间的关联，将概念放到不同的类属下面比较，为每个概念找到合适的类属。这样通过对每一个概念与类属的分析，最后可以形成抽象的所有概念类属的关系网。借助典范模型将范畴与副范畴联系起来，进一步整合资料，从而发展出主要范畴。

典范模型基于产生的基本条件、现象、脉络、中介条件、互动策略以及结果来发展主要范畴。基本条件表示这一范畴产生所需要的因果条件，现象则是指针对该范畴所发生的现象，而脉络指的是使得行动或者策略发生的一组条件，中介条件指的是在某一特定情境下采取的行动，该行动有中介的作用，互动策略指的是在基本条件及中介条件下对某一脉络采取的处理和执行策略，结果即这一行动所输出。借助“基本条件—现象—脉络—中介条件—互动策略—结果”模型可以厘清范畴与范畴之间的关系。借助典范模型对已经抽象出的范畴进行不断的比较以及归纳，发现范畴之间的各种关系，并用实际资料对构想关系进行验证，最终得到主轴编码典范模型。主要范畴如下所示。

1）知识节点

知识节点这一主范畴很大程度上是随着用户对概念的挖掘浮现的，具体涉及注意到某篇文章、注意到潜在关键概念、发现关键概念等。根据扎根理论的典范模型，将概念与范畴联系起来，知识节点的典范模型如表 7-2 所示。

表 7-2　知识节点的典范模型

<table>
<tr><th>基本条件</th><th>现象</th></tr>
<tr><td>注意到某篇文章、注意到潜在关键概念、发现关键概念</td><td>知识节点</td></tr>
<tr><td colspan="2">脉络</td></tr>
<tr><td colspan="2">知识节点是在以下条件下产生的：用户注意到高被引、来源权威或高下载量的文章</td></tr>
<tr><td>中介条件</td><td>互动策略</td></tr>
<tr><td>注意到潜在的关键语句、注意到潜在的关键词</td><td>舍弃不关键的概念、略过不感兴趣的概念、联想到新概念、增添关键词</td></tr>
<tr><td colspan="2">结果</td></tr>
<tr><td colspan="2">确定关键概念，知识节点浮现</td></tr>
</table>

2）知识社区

根据概念与范畴之间的关系分析，知识社区的典范模型如表 7-3 所示。

表 7-3　知识社区的典范模型

<table>
<tr><th>基本条件</th><th>现象</th></tr>
<tr><td>确定概念之间的联系、将高度相关的概念聚集成簇、放弃概念、创建联合概念</td><td>知识社区</td></tr>
<tr><td colspan="2">脉络</td></tr>
</table>

续表

基本条件	现象
知识社区是在以下条件下产生的：用户理解概念，意识到概念之间的联系，猜想联系	
中介条件	互动策略
对概念进行归类，识别概念之间不同的联系，如总分、因果、支撑联系等	总结归纳、归类、放弃孤立的概念、放弃不感兴趣的概念、放弃不合适的概念、放弃不重要的概念
结果	
创建联合概念，知识社区生成	

3）知识网络

根据概念与范畴之间的关系分析，知识网络的典范模型如表 7-4 所示。

表 7-4　知识网络的典范模型

基本条件	现象
关联知识社区、确认类簇之间的关系、联结复杂联通网络	知识网络
脉络	
知识网络是在以下条件下产生的：用户的知识社区形成	
中介条件	互动策略
识别类簇之间是否有关、估计类簇之间的关系	识别类簇之间的松散关系、识别类簇之间的紧密关系并进行联结
结果	
知识网络形成	

在主轴编码阶段，基于扎根理论的典范模型，通过对开放式编码过程中得到的范畴以及概念进行分析，得到了三个主范畴。

研究提取出的知识节点、知识社区、知识网络三个主范畴及其相应的副范畴并进行了简要的概括，具体内容如表 7-5 所示。

表 7-5　范畴内涵界定

主范畴	副范畴	范畴内涵
知识节点	识别信息需求	用户意识到想要检索的内容
	初始化信息检索	思索检索词并开始检索
	注意到潜在关键概念	注意到对搜索目标重要的或者有用的检索词
	发现关键概念	发现对理解搜索主题有用的概念

续表

主范畴	副范畴	范畴内涵
	估计概念之间的联系	猜想概念之间的关系
知识社区	确定概念间的联系	确定概念之间的关系
	将高度相关的概念聚集成簇	将高度相关的概念进行初步组织并聚集成簇
	放弃概念	放弃与主题无关的概念
	创建联合概念	总结概念簇并进行命名
知识网络	关联知识社区	将数个相关的概念组成社区
	识别紧密关系	理解概念与概念之间的关系
	识别松散关系	理解概念簇与概念簇之间的关系
	联结复杂联通网络	联结簇与簇之间，概念与概念之间的所有关系并形成相对完整的知识结构
	知识网络可视化	新的知识结构显现
	个人解释	用户使用已获得的知识进行解释

3. 选择性编码

选择性编码指的是在已形成的众多概念类属中，发现其中起着关键性作用的一个或几个核心概念范畴，这些核心范畴将类似或者相关的概念类属囊括进更抽象一级的理论中，其概括与关联的能力都较强。基于不断比较的原则，逐渐提高概念范畴的抽象层次，从而能够发展出一个或者数个具有高度的包含性和抽象程度的名词，并将其作为理论的核心范畴。

研究者通过在原始资料中的不断浸润，进行编码、理论性思考，不断比较，经过开放式编码和主轴编码两个过程进一步抽取概念与范畴，笔者发现：在开放式编码和主轴编码阶段，知识建构具有中央性，也就是说，知识建构这一概念与最多的范畴和概念相关，其他所有的范畴都能以它为中心结合在一起。故知识建构为核心范畴，知识建构和其他范畴可以有意义地联结在一起。

主轴编码显示出知识建构形成的因果条件是不充分的知识状态，用户识别信息需求、注意到潜在关键概念，脉络是用户不断发掘概念，识别概念之间的联系，将概念聚集成簇并创建联合概念为知识建构提供了中介条件，互动策略是识别纵向、横向联系，将知识社区关联在一起，构建复杂的知识网络，这些策略促进了用户的知识建构，最后的结果是形成了一种充分的知识状态。

通过三级编码，得到探索式搜索知识建构的范畴关系结构，如表 7-6 所示。

表 7-6　核心范畴示意

核心范畴	主范畴	副范畴
知识建构	不充分的知识状态	识别信息需求
		初始化信息检索
	知识节点	注意到潜在关键概念
		发现关键概念
		估计概念之间的联系
	知识社区	确定概念间的联系
		将高度相关的概念聚集成簇
		放弃概念
		创建联合概念
	知识网络	关联知识社区
		识别紧密关系
		识别松散关系
		联结复杂联通网络
	充分的知识状态	知识网络可视化
		个人解释

7.3.2　探索式搜索的知识建构模型

图 7-1 直观地体现出了探索式搜索的知识建构模型，其中核心概念有三：不

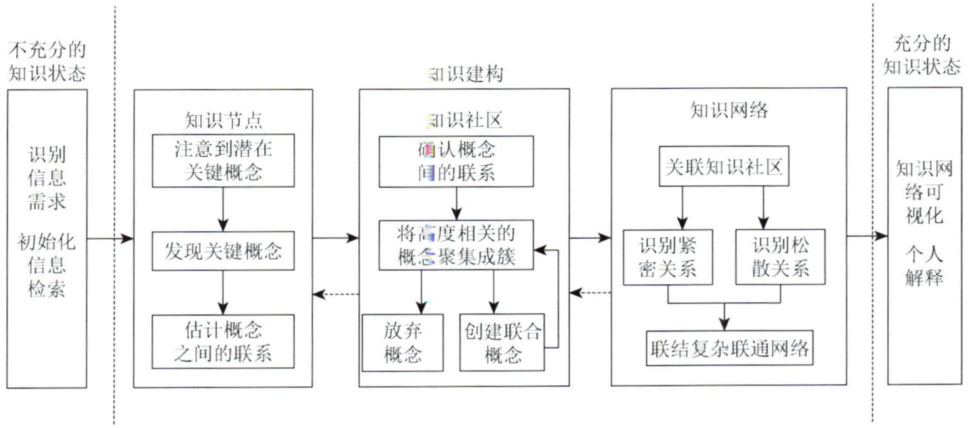

图 7-1　探索式搜索的知识建构模型

充分的知识状态、知识建构、充分的知识状态。以下就探索式搜索的知识建构模型的相关概念进行进一步的阐述，详细介绍探索式搜索过程中用户的知识建构过程，以期为定量评价知识结构奠定基础。

1. 不充分的知识状态

在该阶段，面对具体的问题情境，用户意识到自己存在知识的缺失，用户的信息需求浮现，并且此时用户也无法精确地描述自己究竟需要什么。也就是说，在用户与想要解决的问题之间出现了“鸿沟”。而用户会将目前的情境与原有的知识相关联，任何学习搜索都是基于过去的知识和经验，即基于用户已有认知结构进行的，故先前的知识对于获取新知识是十分必要的。用户在关联先前知识之后发现其对于问题情境的理解是模糊的，即用户意识到所拥有的先验知识不足以使其越过这一“鸿沟”，8 号用户的描述比较有代表性：“之前在看一些视频教程的时候有看到慕课网这个东西，但是并没有打开看过这个网页，不太清楚是不是我看到的那个慕课，所以看到这个慕课就有一点点的印象，但又不是特别清楚。”

即用户的信息需求无法得到满足，此时用户的认知结构处于一种不充分的状态。新的任务情境与用户原有的心理图式，即认知结构不能够很好地契合，这为用户认知结构的改变提供了可能。用户为了填平“鸿沟”，开始寻求使用信息搜索来寻找新的知识，在搜索开始时，用户需要根据其已有知识思考与主题有关的检索词以便能够输入检索框进行检索。而对于不熟悉的主题，用户会将最初的主题作为检索词进行检索。其中一位用户的话比较有代表性：“移动医疗，我第一会检索这个，然后我会检索一下系统给我提供的一些词。”

2. 知识建构

基于扎根理论的三级编码，笔者得到了知识节点、知识社区、知识网络三个核心范畴来表示知识是如何一步步建构起来的，知识的建构过程就是学习的过程，相对完善的知识结构包含了若干概念以及概念之间的各种联系。为了构建知识结构，需要最基本的单元，即知识节点，知识节点是用户在搜索学习的过程中获得的，当若干知识节点表现出相似性时，便可以将它们归纳在一起，这样便形成了知识社区。

1）知识节点

用户在进行搜索的时候，会注意到包含潜在关键词或关键语句的文章或者文章列表，这些潜在的关键词包括文章的标题、章节标题等，19 号用户在搜索过程中提到：“我刚才通过浏览这个上面的这些标题，我觉得有两个可以进一步研究的标题或关键词，一个是大数据时代的慕课，然后还有一个是慕课的文化安全。”潜在的关键语句包括摘要、文章中的一些重要句子等，在对这些文章进行理解消化后，用户会得到一些与主题相关的概念。总的来说，用户发现概念的方式有三种：其一，是直接识别到的潜在关键词；其二，是从注意到的潜在关键语句中摘取出来的概念；其三，是用户基于自身理解，自己创造的一些概念，比较典型的是 11 号用户的描述："这个是我自己生造的一个词，这个设备系统，不是我在文档中找到的关键词，就是我之前搜那个移动医疗的时候，它都有一个系统，然后我感觉应该是和支持它的那些设备有关系，所以给它想了一个设备系统这个词。"

基于这些新获得的概念，用户会进一步更换检索词以发现和获取更多的与文档探索主题相关的知识，逐渐地，用户会发现一些关键概念并对这些概念之间的关系进行猜想。

2）知识社区

当用户获得的概念越来越多时，用户会试图对这些概念的性质和特征进行判断，发现新节点与已经存在的节点之间的联系，以及新节点与新节点之间的联系，这与之前 Norman 等（1976）对学习的描述一致，意义很大程度上依赖于概念之间的联系，这样，一些高度相关的概念会被聚集成簇，从而形成知识社区，如图 7-2 所示，图中椭圆形虚线环起来的即一个知识社区。

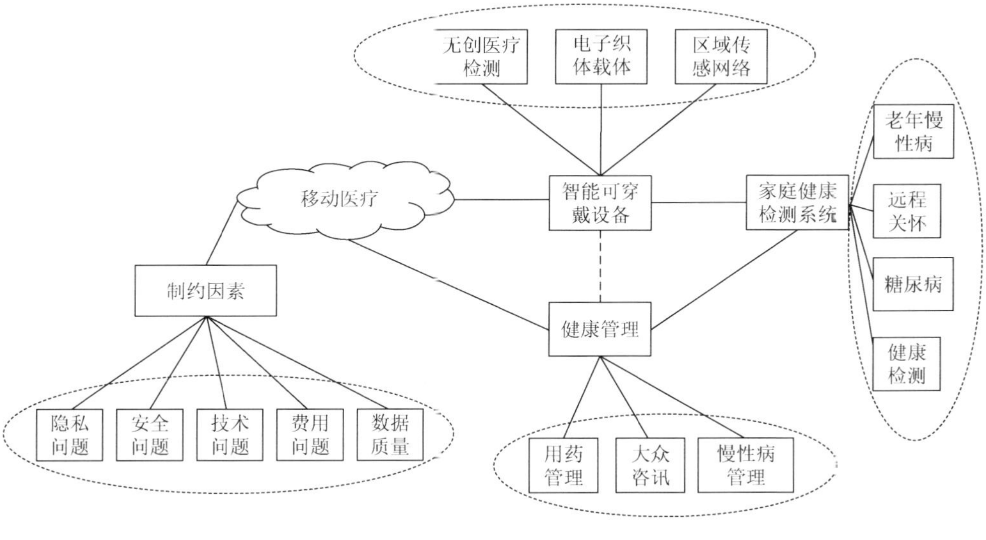

图 7-2 知识社区示意图

我们把这种概念之间形成的联系称为紧密联系。在此过程中，对于一些不太理解的概念，用户会进一步地探索；对于一些与其他概念没有联系的孤立的概念，用户会放弃，用户多用"没有共同点""不感兴趣""没有涉及"等来表达放弃某些概念的原因。

而对于由概念和概念之间相互联系形成的知识簇也就是知识社区，用户会为这个知识社区赋予一个新的概念，即联合概念来进行描述，联合概念的抽象层级更高，如图 7-2 中“用药管理”“大众资讯”“慢性病管理”三个概念所形成的知识社区，用户赋予其新的概念“健康管理”来进行表达。

3）知识网络

将上述提到的知识社区进一步进行关联，用户关于此问题情境的知识网络将会形成。在知识网络中，有两种主要的联系，即紧密联系和松散联系。紧密联系指的是形成知识簇的概念之间的联系，这些概念多具有共同的属性，一般指的是同一层级的概念形成的联系，例如，图 7-2 中的隐私问题、安全问题、技术问题、费用问题、数据质量都可以归为移动医疗的制约因素。松散联系指的是知识簇与知识簇之间的联系，如图 7-3 中“智能可穿戴设备”和“健康管理”两个知识簇之间虚线所示的联系就是一种松散联系。正是松散联系的存在，使得一个概念可以被归至多个知识社区中，例如，“用药管理”既被归为“健康管理”这一知识社区中，又被归为“家庭健康检测系统”知识社区中，故而概念之间的联系变得十分复杂，也就造成了最终形成的知识网络是复杂内联的网络。

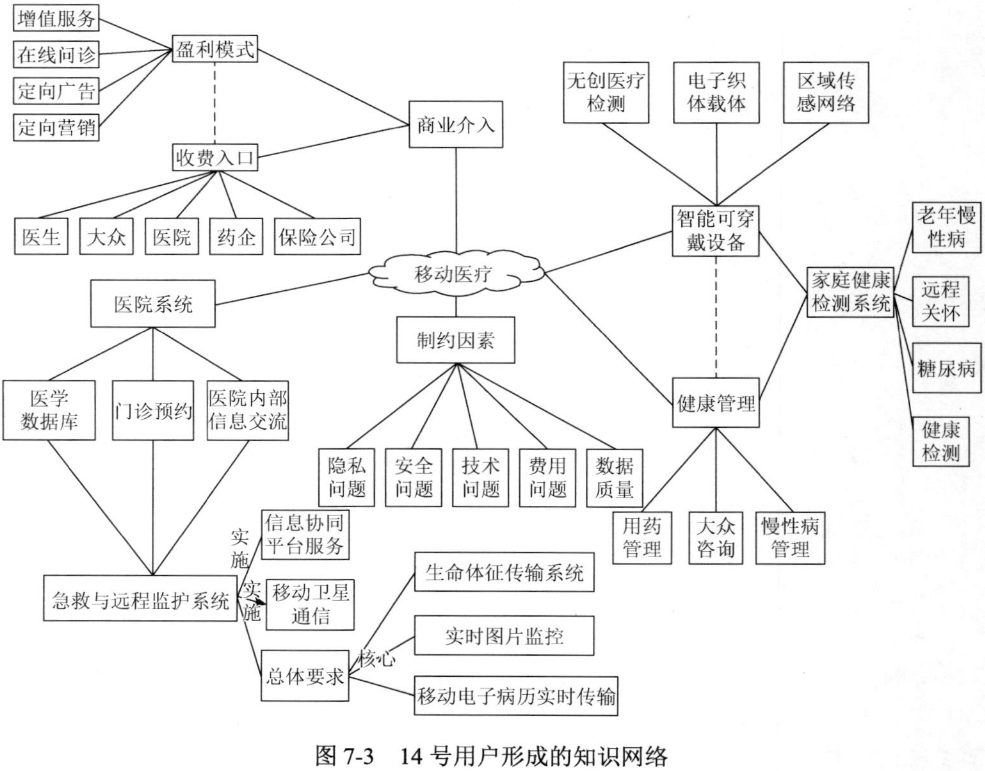

图 7-3　14 号用户形成的知识网络

3. 充分的知识状态

当用户经过一段时间的搜索学习后，掌握解决问题所需要的知识，并且在头脑中形成了所要解决问题的相关知识网络，此时用户已经有信心能够解决问题、跨过最初的信息“鸿沟”，即用户在大脑中形成的认知结构已经成为分析解决问题的一个框架和基础，达到一种相对充分的知识状态。用户会以“差不多了”“大概就是这些了”等语句来表达自己已经达到这一状态并停止检索，也就是说，当用户达到这一状态时，便不再处于获取新信息或者学习的过程，此时，用户主动建构出了包含概念与概念之间相互联系的网络，完成了知识表达。不过，值得注意的是，用户最终形成的知识网络因人而异，与用户先前的相关知识结构、信息搜索的能力和学习理解的能力有很大关系。如果在搜索的过程中，新的知识和用户先前的知识结构建立联系，那么新的知识会被集成到原有的知识结构中，用户也会对问题有更好的理解。

7.4　小　　结

在探索性搜索中，理解知识建构过程是非常重要的研究主题，它能帮助系统设计人员更好地理解用户学习过程以提供相关支持。本章详细阐述了基于扎根理论方法得到的探索式搜索过程中的知识建构模型。该模型中有三个核心概念：不充分的知识状态、知识建构、充分的知识状态。知识建构又分为知识节点、知识社区和知识网络。用户从不充分的知识状态开始进行探索式搜索，首先识别出重要的概念，即积累知识节点。知识节点是用户解决问题情境，填平信息“鸿沟”的基础。在不断的学习过程中，逐渐理解知识节点之间的关系，把联系紧密的知识节点组合为知识社区，知识社区内部有层级关系，知识社区之间有横向联系，最终构成复杂的知识网络。当用户对所构建的知识网络满意的时候，也就达到一种相对充分的知识状态。本章的研究启示系统设计者提供更多的支持，如相关概念的推荐和帮助确定概念之间的关系，以促进用户进行知识建构。

第 8 章　探索式搜索情境下用户认知结构量化评估

8.1　相 关 研 究

个体的认知结构是由客观世界的信息与其已有的知识经验共同作用的，经过个体的内化而形成的知识经验结构（鞠鑫，2008）。建构主义认为，学习是个体主动建构自己知识的过程，学习者需要通过原有的知识经验与新获取的信息相互作用，主动选择和加工外部信息，从而构建信息的意义，即不断调整组织其认知结构的过程（左银舫，2000）。而这种建构无法由他人替代，学习者需要通过自己的经验来建构自己的理解。由于学习者各自具备不同的知识经验，因此对于相同主题其建构的认知结构也会有所不同（李耘，2012）。因而对认知结构进行研究，找出高效学习者的认知结构具备怎样的特点，有着十分重要的意义。

最早对认知结构进行评估的是教育学领域和认知心理学领域的学者，经过几十年的发展，教育学领域和认知心理学领域对认知结构评估的研究已经处于一个相对成熟的阶段。许多学者从不同的角度对认知结构的测量进行了研究，并各自提出了不同的表征方式。1972 年，Shavelson 提出了词语联想法，让学生在一定时间内对给出的一组词语进行自由联想，通过联想的词语组合来评价学生的认知结构（Shavelson，1972）。1984 年，Novak 和 Gowin 在研究学生学习科学知识的过程时，发现通过概念图可以反映出学生知识结构的变化以及学生对概念理解的变化，因此提出将概念图作为评估学生认知结构的工具（Novak and Gowin，1984）。1988 年，Schvaneveldt 等基于图论提出了路径搜寻网络分析方法，能够通过网络状的图形模式来客观地表征知识概念间的关系，从而对知识结构进行评估（Schvaneveldt et al.，1988）。1993 年，Ericsson 和 Simon 提出了出声思考法，他们认为用户在思考的时候将自己的思考过程口头描述出来可以更清楚地反映其认知过程（Ericsson and Simon，1993）。除了这些方法，还有流程图法（Anderson and Demetrius，1993）、因果图检验法（Al-Diban，2002）、自由回忆法（Freeman et al.，1987）等其他方法。

近年来，Schaal 等将概念图评估引入跨学科的超媒体协助学习环境中，并对此进行了实证研究（Schaal et al.，2010）。林玉霞（2010）对知识结构的量化研究方法进行了梳理，并发现利用路径搜寻网络分析方法绘制的知识结构图，可以当作听觉障碍学生的认知诊断测量工具，来分析学生的错误概念，帮助学生进行学习。Ifenthaler 等（2011）对认知结构的建构进行了一个长期的实证研究，他们让受试者通过五个阶段完成概念图的建构，并基于图论，从概念图的概念数量、概念间的关联数量、连通性等指标进行了定量分析。Coutinho（2014）通过文献调研，阐述了七个用于评估学生概念图的模型，为教育者应用概念图来评价学生的课堂表现提供了直观的依据。

而在图情领域，张云秋等（2012）运用概念图分析、日志分析和调查问卷相结合的方法进行了用户实验，对探索式搜索过程中用户的认知变化进行了分析，其结果表明，在探索式搜索过程中，用户的认知呈现出阶段性改变的特点。

在已有的评估方法中，概念图法是一种实施方便、操作简单的测量方法，并且概念图中的节点对应知识概念，节点之间的连线对应知识概念之间的关系，能够比较直观地反映出用户的认知结构。Markham 等（1994）认为概念图是有着扎实理论基础的，是能在心理学视角下经得起考验的一种评价工具，可以用来评价学习者的知识结构和概念变化过程。本书将采用概念图的方法来对探索式搜索过程中用户的认知结构进行测量，以期从定量角度对探索式搜索过程的认知结构进行评估分析。在现有的以概念图作为定量分析认知结构的研究中，研究人员提出了不同的评估标准，见表 8-1。

表 8-1　已有认知结构量化评估指标

文献	评估指标												
	概念节点	概念关系	层次	复杂性	完整性	易读性	准确性	思考性	命题	有效性	实例	概念组合	概念分支
Novak（1988）	√	√	√						√		√		
Markham 等（1994）	√	√	√								√		√
Bartels（1995）	√	√		√	√								
Cronin 等（1982）	√		√						√			√	√
Mcmurray（2014）		√		√	√		√	√		√			
何向阳和祁玉娟（2009）	√	√	√								√		
Coutinho（2014）					√	√	√			√			

探索式搜索过程中用户构建的认知结构与教育领域的认知结构主要有以下不同：①教育领域对学生认知结构的研究多是基于某一具体课程，如生物、物理和数学等，此类认知结构的构建是基于对标准教材的理解的，认知结构有一个黄金标准；而在探索式搜索情境下，没有统一标准的认知结构图可参考。②相比于教育领域构建的认知结构，探索式搜索过程中构建的认知结构更依赖于用户的主观

思想。③教育领域中构建的认知结构是静态的，而探索式搜索过程中构建的认知结构是随着学习的深入不断变化的。

8.2 量化评估体系构建

8.2.1 评估指标设定

概念图是认知结构的图形化表征方式，包括节点和连线两个核心要素，分别代表认知结构中的概念和关系。其中，概念节点代表个体对某一类事物的抽象概括，是个体对大量信息从具体到一般的抽象、凝练、分类与总结；概念之间的连线代表概念之间的关系，体现了个体对相关概念之间内在关联和相互作用的认识。故而对概念图的量化评估也应该从概念节点和概念关系两方面进行评估。

对概念节点和概念关系的量化评估，不仅要考虑其数量，更要考虑其质量。在此借用语言符号学中“语法”、“语义”和“语用”三个层次分别对概念节点和概念关系进行量化评估。简言之，语法信息是信息的纯粹形式化的概念，语义信息是信息的含义因素，语用信息是信息的价值因素。其中，语法层关注符号的组合，而不管它的具体含义；语义层关注符号的特定意义；语用层关注符号的应用及产生的效果。

1. 概念节点评估指标

就概念节点而言，语法层次是第一（最低的）层次，只与概念的形式相关，不涉及任何语义和语用方面的因素。例如，一个概念图包含的概念多，只表示该用户积累或记忆了较丰富的词汇，但是没有考虑这些词汇的含义和重要程度。在这一层次，我们主要考察概念节点的数量多少，并将该指标命名为“丰富性”。

第二层次是语义层次，关注每个词汇所具有的特定含义。词汇可分为普通词汇和专业词汇。专业词汇具有某一领域的特殊含义，专业术语是专业词汇的浓缩，如物理学的“熵”、哲学的“存在”、法律的“善意取得”等，每一个术语都是一个学科历史积累的结果。术语所要表达的内涵，远远超过其字面的意思。一个人若想要进入某个学科，就要先学习相关的术语系统。因此，对于概念节点的语义层的评估主要考察其是否包含特定含义的专业词汇。

对概念节点第三个层次也是最高层次的评估，是其语用层次。语用是指节点的效用，不同的节点所传递的价值不同，代表的重要程度也不同。对于给定主题的探索式搜索情境，节点的效用体现在是否准确描述了与主题相关的内容，如果是，则证明该节点是有效的，否则，该节点是多余的，在量化评估时应予以剔除，再计算得分。

2. 概念连接评估指标

就概念连接（概念关系）而言，其所传递的语法层次的信息是其连线数量的多少。数量越多，节点和节点连线组合形成的符号越多，代表个体可能建立的联系也越多，但未判定该联系是否正确或有用。在这一层次主要考察连线的数量多少，并将该指标命名为“联系性”。

其次是语义层次，对于概念图的连接来说，其语义关系体现在其形成的层级结构中。在概念图中，概念是用层级结构的方式来呈现的，最普遍或最一般的概念置于图的上端，次一级和更具体的概念按等级排在下面。概念所处的层级越高，其抽象水平也越高、包含的特征或属性也越广泛。概念图中的层级结构是个体进行推理和联想的基础，只有当个体形成层次清晰的概念图时，才更有利于其进行推理和联想，从而全面地、系统地认识主题相关概念以及概念间的内在联系。概念图的层级结构是个体对主题概念间有机联系的深刻理解，是个体认知能力的重要体现。层次结构越多代表认知能力越强，得分也越多，在此我们将这一指标命名为“层次性”。

最后是语用层次，即概念图连接的价值与效用，对此应从概念图的整体来进行评估。概念图即个体的认知结构，认知结构最重要的作用是全面地、系统地、深入地建立事物与事物之间的关系，以帮助个体认识世界以及通过认知结构进行推理和联想，认识新事物。对于探索式搜索情境下，个体建构的认知结构的重要性体现在个体是否对相关主题进行了深入探索与思考，是否识别出概念之间隐藏的关系或者挖掘了原来不知道的新知识。因此，对于语用方面的考察应为其设计不同的等级得分，等级越高代表个体探索结果的价值也越高，在此我们将这一指标命名为“探索性”。

综上所述，分别为概念节点和概念关系的语法、语义和语用三个层次设立了六个评估指标，即丰富性、专业性、有效性、联系性、层次性和探索性。

8.2.2　权重设置与得分

概念是人类认知的基本单元，抽象化的概念不仅有助于个体减少对细节信息的记忆，更是个体对事物的本质正确认识的体现。因此，正确地识别概念是个体建构良好认知结构的基础。概念关系是个体对不同事物之间内在联系与相互作用的思考与认识，对概念关系的正确认识代表着个体看待问题从点到面、从局部到整体的提升，是良好思考能力和认知能力的体现。因此，分别为概念节点和概念关系赋予 45%和 55%的权重。

在概念节点的三个评估指标中，由于其分别是从语法、语义和语用的角度进行评价的，是一种由表及里、由浅入深、去粗取精的过程，因此，我们认为概念节点的丰富性、专业性和有效性的重要程度依次递增，并分别为其赋予 10%、15% 和 20%的权重。

在概念关系的三个评估指标中，对联系性、层次性以及探索性的评估是对概念关系由局部到整体，由外在到内涵，再上升到其价值的深入过程。且由于概念图中非常重要的两个特征：一个是良好清晰的层次结构；另一个是个体搜寻和个性化交叉连接的能力。层次性和探索性也恰好表达了这两个特征。除此之外，本书认为探索性这一指标更能在开放的探索式搜索中体现个体的认知能力与创新能力，也是最重要的指标。因此，分别为联系性、层次性以及探索性赋予 10%、15% 和 30%的权重。

具体的指标设置、权重设置及计算方式见表 8-2。分别将丰富性、专业性、有效性、联系性、层次性和探索性得分命名为 S_1、S_2、S_3、S_4、S_5 和 S_6，概念图的总得分按式（8-1）计算：

$$S_T = 10\%S_1 + 15\%S_2 + 20\%S_3 + 10\%S_4 + 15\%S_5 + 30\%S_6 \qquad (8\text{-}1)$$

表 8-2　探索式搜索过程的认知结构量化评价体系

类型	指标	权重	描述	评分（满分为 100）
概念节点	丰富性（语法）	10%	个体节点数目	（节点数/所有学生中最大节点数）×10
	专业性（语义）	15%	各个概念是否为专业术语？是否存在大量无实义统称性的名词？	所有概念均能准确描述相关内容和关系得 15 分；大部分概念能准确描述但存在少量统称性名词得 12 分；部分概念能准确描述且存在相当数量的统称性名词得 9 分；仅有少数概念能准确描述存在大量统称性名词得 6 分；几乎所有概念均为统称性名词得 3 分
	有效性（语用）	20%	各个概念是否准确描述了其相关内容和关系？是否存在与所给主题关联不大的次要概念或是描述细节的概念？	去除掉所有与主题关联度不大的概念和细节概念，统计剩余有效概念的个数。评分为（有效概念节点/总数）×20
概念关系	联系性（语法）	10%	统计概念图中个体连接线的总数与最大连接线总数的比例×10	（个体连接线数/所有学生中最大连接线数）×10
	层次性（语义）	15%	在概念图中是否存在层次结构？相比下层概念，上层概念的概括水平是否更高？	每个有效的层次得 3 分，满分为 15 分
	探索性（语用）	30%	是否展示出了自身对概念、主题和整体结构之间关系的深入思考？是否展示出了独特的、新颖的思考角度？	建立丰富的联系、形成整合的良好认知结构并体现出个体独特新颖的思考，得 30 分；建立相对全面完整的认知结构并体现出作者深入的思考，得 24 分；内容较为丰富但对联系的把握不够深入，得 18 分；缺少与主题相关的重要内容且概念图较为片面，得 12 分；概念节点少、概念关系孤立较为片面且未体现个人理解，得 6 分

8.3　实 证 分 析

8.3.1　实验设计

1. 实验目标

通过设计探索式搜索的实验任务，对所提出的量化指标体系进行实证分析。在本科生“信息检索”课上设置探索式搜索任务，学习结束后让其按照头脑中的认知结构绘制概念图。除此之外，每位同学还需要提交一份 PPT（Microsoft Office PowerPoint，是微软公司的演示文稿软件）和一页纸的学习小结。以此来检验所提出的认知结构量化评估指标能否有效反映用户在探索式搜索中知识吸收和利用的效果。

2. 实验任务与实验对象

实验对象为武汉大学信息管理学院信息管理与信息系统专业三年级本科生，共 51 人。探索式搜索任务：如何更好地应用可视化技术和界面设计来帮助用户提高搜索效率？要求了解国内外研究现状，并梳理总结主要的技术与方法，给出自己的概念图总结。

3. 实验流程

实验开始，首先为学生讲解本次实验的搜索任务，要求学生在 4 次实验课的时间内独立完成搜索任务，每次实验课时间为 120min，每周一次。受试者每周需要提交当周的概念图和对应的简要解读。4 周后，提交一份总的概念图和一页纸的总结文档，另外提交一份 PPT 展示个人学习成果，时间约 10min。

4. 数据收集与分析方法

本次实验的数据主要由三部分组成：①检索结束后提交的总概念图；②一页纸的学习总结报告；③一份展示学习成果的 PPT。老师根据学生提交的材料评出两部分的得分，其一是依据最终概念图进行评分；其二是依据 PPT 和学习总结两份文档评定学生成绩。实验结束，通过对比分析两种不同评分方式来判断量化评分体系的合理性。

8.3.2　实验结果

通过对受试者的概念图进行初步统计和计算，排除概念图不完整或是缺少概念图的受试者，最终符合要求的受试者共有 45 位，根据上面提出的量化指标，得出 45 位受试者的概念图评分；同时，教师依据 PPT 和学习总结给出实验成绩。

学生绘制的概念图呈现两个极端。节点数量从最少的 10 个，到最多的 167 个（平均节点数为 63.56 个）；连线总数从 9 条到 166 条（平均连线数为 62.20 条）；层次数量从 2 层到 5 层（平均层次为 3.09 层）。这表明学生认知水平和能力差别较大。例如，从图 8-1 可以看到，45 号受试者的概念图中只给出了与学习主题相关的小部分概念，还有许多相关重要概念并未给出。而且概念图层次简单，仅有两层，内容不完整。该受试者的概念图总分也是最低的，仅有 28.90 分。从该受试者提交的学习报告来看，该受试者对于学习主题并没有太多的思考，对主题的了解较为浅显。另外，有些概念图中包含了大量的细节概念节点，试图将所有细节都囊括在其概念图中，然而却存在许多无效的节点。以 5 号受试者概念图为例，共 167 个节点，其局部知识地图如图 8-2 所示，图中“新手用户”“平均用户”等节点则过于细节。因为概念图不应是简单罗列知识点，更应该是在深入理解和探索后结合已有知识对新知识的概括与总结。这说明 5 号受试者抽象概括、独立思考建立深度认知的能力还有待提升。

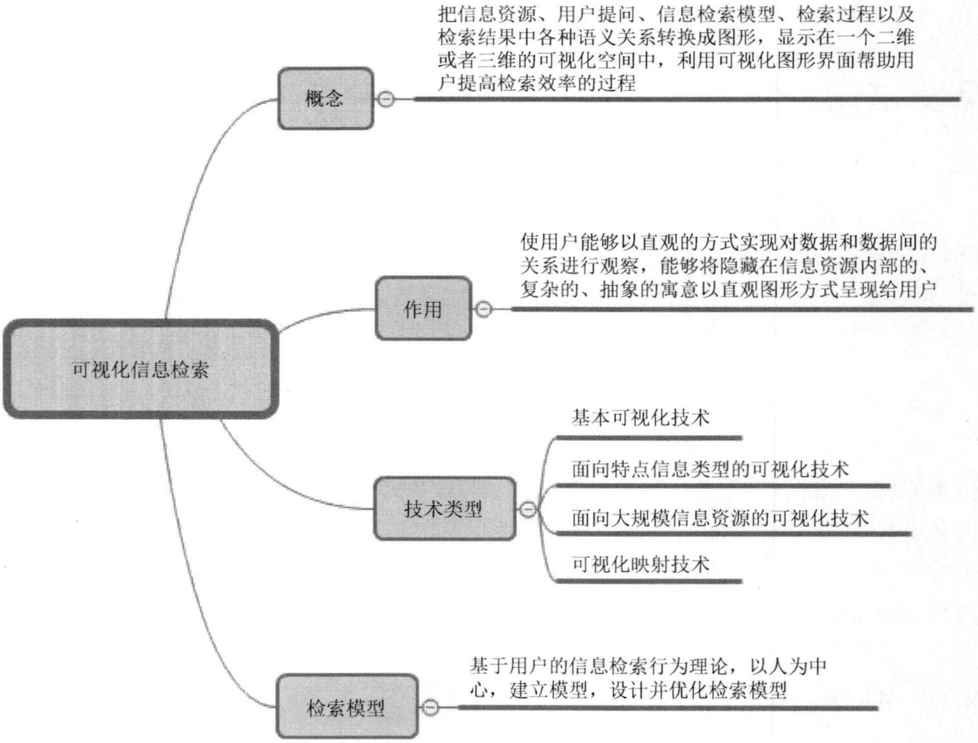

图 8-1　概念图示例 1（45 号）

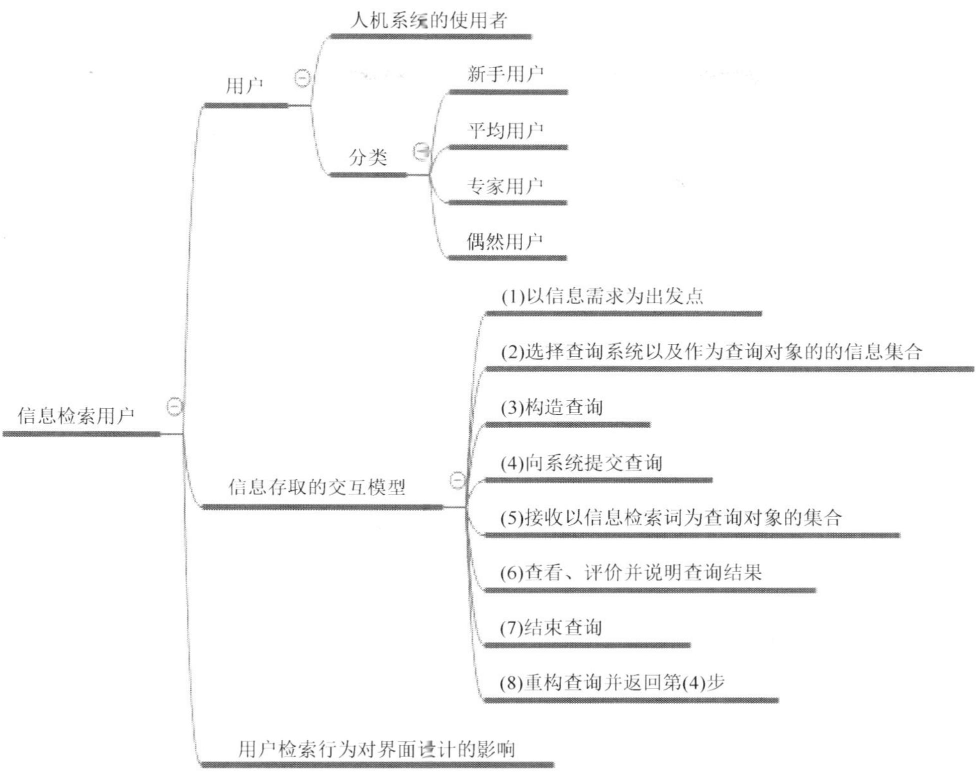

图 8-2　局部概念图示例 2（5 号）

在探索性这一项上，受试者的平均得分为 16 分，只有 3 个受试者得了满分 30 分。大部分受试者对主题的学习和理解仍然停留在对所学知识的简单组合上，多是从阅读的单个文献中提取相关概念和关系，未能很好地融合不同来源的文献或信息之间的概念和关系，得到的新的信息和领悟不多。

概念图总分最高的为 3 号受试者，得分为 90.80 分，如图 8-3 所示。3 号受试者的概念图的结构比较复杂，且各概念节点都比较精准地描述了相关内容，没有像 45 号受试者的概念图中大段话的举例说明。虽然 3 号受试者的概念节点数量并没有 5 号受试者多，但是从 3 号受试者对概念图的组织来看，3 号受试者并不是简单地将学习内容复制下来，而是加入了其思考，有选择性地将重点内容记入其概念图中。可以看出，3 号受试者对于不同来源的信息通过理解与学习进行了融合，体现了自身对该主题的认识。

对 45 份概念图进行量化评估后，得到整体性的统计结果（表 8-3），可以看到在每一项指标上的得分都很悬殊，而总分也相差很大（最低 28.90 分，最高 90.80 分）。

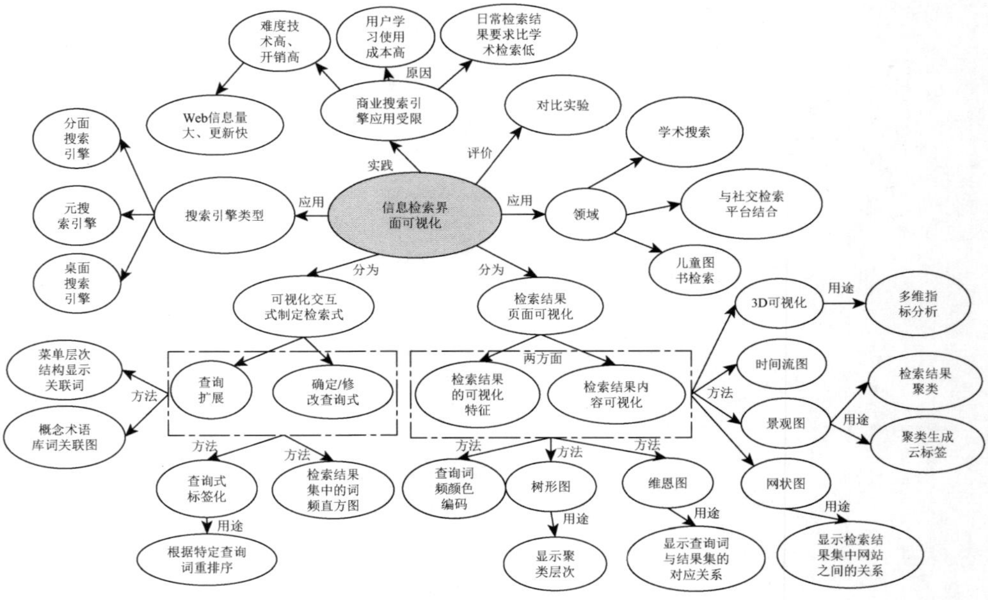

图 8-3　概念图示例 3（3 号）

表 8-3　概念图量化指标的描述性统计结果　　（单位：分）

指标	极小值	极大值	均值	标准差	方差
丰富性	1.00	10.00	5.88	2.76	7.64
专业性	3.00	15.00	8.47	2.74	7.48
有效性	3.13	20.00	10.98	3.48	12.08
联系性	0.90	10.00	5.75	2.76	7.63
层次性	6.00	15.00	9.40	2.61	6.79
探索性	6.00	30.00	16.00	6.40	40.90
总分	28.90	90.80	56.48	14.36	206.31

8.3.3　指标评价

根据分数分布，我们将这些受试者按照传统评分方式所得的实验成绩分为三个组，实验成绩大于等于 90 分的为高分组（共 8 人），在 80～89 分之间的为中分组（共 30 人），80 分以下的为低分组（共 7 人）。

为初步证明量化指标的合理性，我们首先通过对三组的各项指标平均分作对比来分析两种不同的评分标准，其结果如图 8-4 所示。由图 8-4 可以看到，高分组学生的概念图在各项指标上的平均值均高于中分组和低分组的学生；而中分组学生在各项指标上的平均值均高于低分组。初步证明概念图的各项指标的分数在一定程度上能够反映实验成绩的水平，即概念图各项指标分数越高，实验成绩越高。

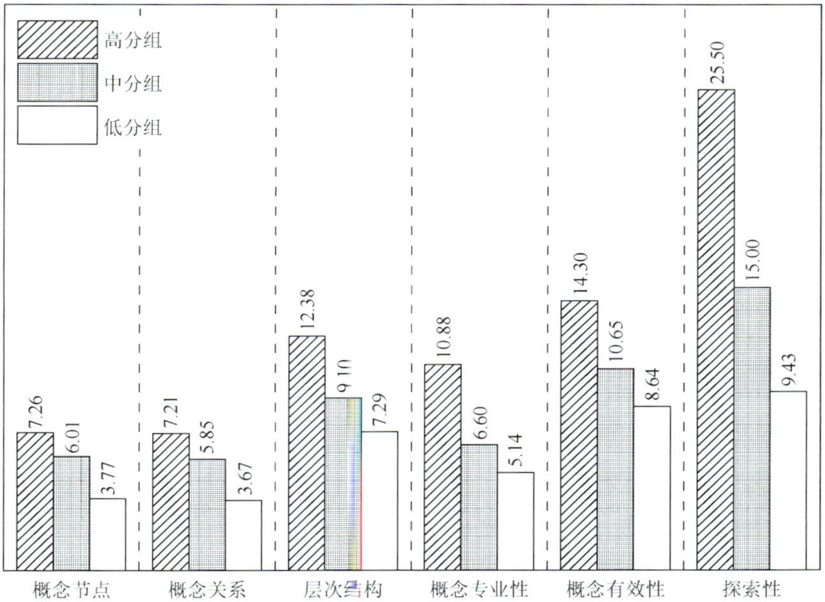

图 8-4　高、中、低三组认知结构图各项指标平均分对比

通过两种不同的评分标准所得成绩的相关性系数来进一步验证概念图量化指标的合理性，我们将概念图总分与受试者的实验成绩进行了相关性分析，结果表明概念图总分与成绩的相关系数为 0.876，说明两者显著相关。即在一般情况下，概念图总分越高，其最终成绩也就越高。此结果进一步证明了概念图能够反映实验成绩的水平，同时也验证了所提出的量化体系的合理性，因此该体系能在一定程度上反映学生的认知水平。

8.4　小　　结

本章基于意义建构理论和层次语义网络模型，提出对探索式搜索过程中用户的认知结构应从概念节点和概念关系两个方面进行量化评估，并且借用语言学中语法、语义和语用三个层面，即外在形式、内在含义以及实际效用三个层面提出评估概念节点和概念关系的指标，分别是：概念节点的丰富性、专业性、有效性；概念关系的联系性、层次性以及探索性。此外，依据语法、语义和语用信息的重要程度，分别为六个指标赋予不同的权重，由此形成一套对探索式搜索中用户认知结构评价的量化评估体系。

以武汉大学学生为研究对象，通过“信息检索”课程设置真实的探索式搜索任务对所提出的量化评估体系进行了实证研究，证实了所提出的概念图量化方法能够用来评估用户在探索式搜索情境中的认知结构。在理论上补充了探索式搜索过程中认知结构的相关研究；在实践方面，本书所提出的量化指标能提示并促进用户完善其认知结构。下面将开展更多的实证研究来测试和完善所提出的量化指标。

第 9 章　结论与展望

9.1　全书工作总结

知识经济时代对信息检索系统提出了更高的要求。主流的以系统为中心的信息检索虽然在不断地改进算法，但在满足用户真实需求上依然存在一定的局限，本书立足检索用户的认知心理，以用户的认知建构过程为切入点，提出了一个可以实现的认知交互式信息检索模型，并在此基础上设计了基于知识地图的交互式信息检索系统，以促进用户对信息空间的探索与认知，帮助用户完善认知结构，满足用户的信息需求。本书研究的主要工作如下。

（1）认知信息检索理论及检索过程认知负荷变化研究。总结了基于认知观的信息搜寻行为经典理论模型及其后续发展，重点梳理了影响信息搜寻行为的不同认知因素。接着采用实验方法，对学术搜索过程不同阶段的认知负荷进行测量评估，探究学术搜索过程中的认知负荷动态变化规律，明确信息检索过程的认知需求。

（2）认知建构视角下的交互式信息检索模型研究。基于建构主义理论，对信息检索的认知本质进行了揭示。分析了用户作为意义建构主体，在信息检索情境下的认知机理。在此基础上创新性地提出了融合认知范式和物理范式的交互式信息检索模型，通过交互式知识地图来组织和呈现搜索结果，强化用户与系统之间的双向认知。一方面加强系统对用户需求的潜在刺激和引导；另一方面促进用户对信息空间的理解以及认知结构的构建。

（3）基于知识地图的个性化信息检索系统研究。运用形式概念分析理论，以属性的提炼和整合为中心构建信息资源的知识地图，概念化、语义化、形式化地呈现信息资源空间隐含的知识结构和关联，帮助用户和系统进行交互。在此基础上，构建基于交互行为和相关反馈的用户模型，实现个性化检索。

（4）用户在探索式搜索过程中知识建构的理论模型研究。基于用户出声思考口头报告和用户访谈的原始资料，依据扎根理论的三级编码流程逐句进行编码，识别出不充分的知识状态、知识节点、知识社区、知识网络、充分的知识状态几个核心范畴，借助典范模型，构建出了探索式搜索的知识建构理论模型。

（5）探索式搜索情境下的认知结构量化评估研究。以用户绘制的概念图为考察对象。对概念节点和概念关系进行量化评估。创新性地借用语言符号学中语法、语义和语用三个层次，即外在形式、内在含义以及实际效用三个层面提出评估概念节点和概念关系的指标，分别是概念节点的丰富性、专业性、有效性；概念关系的联系性、层次性以及探索性。此外，依据语法、语义和语用信息的重要程度，分别为六个指标赋予不同的权重，由此形成一套对探索式搜索中用户认知结构评价的量化评估体系。

9.2　未来工作展望

本书对 CIRS 的理论和实践进行了系列探索，但还不够深入，后续可以从以下两方面开展进一步的研究。

（1）继续深入探究知识地图对用户认知能力、检索行为以及检索绩效的影响。初步研究已经证实，基于知识地图的交互式信息检索系统有助于用户认知建构并提升搜索效果。下一步的研究可以深入探究知识地图对用户搜索的多方面的影响：例如，设计实验探究知识地图对用户词汇记忆、理解和主题分析的影响；设计实验探究知识地图导航的信息检索系统对用户检索式构建、搜索模式、搜索效果满意度以及学习效果等方面的影响。

（2）进一步优化原型系统以及进行更多应用实践层面的检验。本书对模型的核心功能进行了原型系统开发，但仍有一些技术环节需要优化。例如，当用户输入的关键词和知识地图概念的属性词汇不匹配的时候，现有的系统还不能向用户智能地推荐相关概念。在下一步的工作中，将补充词汇相似度计算功能，以解决查询词与概念的智能匹配问题。同时深化用户行为数据和交流内容数据的挖掘整合，进一步完善用户模型，提高个性化推荐的精准度。

参 考 文 献

柏晗，成颖，柯青，2015. 网络检索结果聚类研究综述[J]. 情报理论与实践，38（10）：138-144.

毕强，滕广青，2010. 国外形式概念分析与概念格理论应用研究的前沿进展及热点分析[J]. 数据分析与知识发现，26（11）：17-23

朝乐门，张勇，邢春晓，等，2012. 数据驱动型知识地图及其关键技术[J]. 图书情报工作，56（10）：25-29，40.

陈向明，2000. 质的研究方法与社会科学研究[M]. 北京：教育科学出版社.

方清华，2007. 信息检索过程模型的认知分析[J]. 情报杂志，26（1）：54-56.

冯颖，甘利人，乔德义，等，2011. 学生认知方式影响数据库检索策略学习的实验研究[J]. 图书情报工作，55（8）：34-39.

甘利人，高依旻，2005. 科技用户信息搜索行为特点研究[J]. 情报学报，24（1）：26-33.

甘利人，李恒，2006. 科技用户信息搜寻过程中的问题解决机制解释[J]. 情报学报，25（4）：441-450.

高海慧，2014. 信息检索系统中智能人机交互方法的研究[D]. 济南：山东大学.

韩正彪，罗瑞，赵杰，2017. 学术用户情感控制与心智模型对信息检索绩效影响的实验研究[J]. 情报理论与实践，40（1）：59-64.

何向阳，祁玉娟，2009. 概念图的评价研究[J]. 软件导刊：教育技术，（3）：85-88.

贾茜，张斌，2015. 基于认知语言学的文献主题元语义表示与结构分析[J]. 情报理论与实践，38（2）：6-10.

姜永常，2011. 基于知识元语义链接的知识网络构建[J]. 情报理论与实践，34（5）：50-53.

鞠鑫，2008. 认知结构理论研究述评[J]. 四川教育学院学报，24（6）：12-14.

柯青，孙建军，成颖，2015. 场独立-场依存认知风格对信息搜寻绩效影响：元分析研究[J]. 情报学报，（6）：646-661.

柯青，王秀峰，2011. 认知风格与信息搜寻行为整合研究[J]. 情报理论与实践，34（4）：35-39.

柯青，周海花，2017. 基于用户认知风格差异的信息检索交互行为研究[M]. 北京：科学出版社.

李建华，国佳，沈旺，2012. 网络受控环境下信息检索用户认知负荷动态变化分析[J]. 图书情报工作，（10）：55-60，94.

李耘，2012. 地理认知建构的教学研究——基于图式的视角[D]. 济南：山东师范大学.

梁宁建，2003. 当代认知心理学[M]. 上海 上海教育出版社.

梁益铭，林书怡，2012 . 基于认知观的信息检索交互模型[J]. 图书馆学刊，34（2）：96-99.

林玉霞，2010. 知识结构的量化研究方法[J]. 雲嘉特教期刊，（11）：16-34.

刘燕君，马红宇，刘腾飞，等，2013. 用户认知导向的网络信息搜索模型研究述评[J]. 图书情报工作，57（17）：139-146.

马海群，杨志和，2011. 身心语言程式视阈下的信息检索用户认知模型研究[J]. 中国图书馆学报，(37) 3：38-47，99.
皮亚杰 J，1981. 发生认识论原理[M]. 王宪钿，译. 北京：商务印书馆.
钱敏，2015. 面向网站商品分类目录的用户心智模型测量研究[D]. 南京：南京理工大学.
乔欢，周舟，2007. 意义建构理论要义评析[J]. 图书馆杂志，26（5）：8-10.
沈旺，杨真，陈凤娟，2014. 数字图书馆用户认知风格对信息检索行为影响研究[J]. 情报理论与实践，37（8）：18-21.
师宏睿，2003. 贝尔金与德尔文情报认知观评述[J]. 图书与情报，(5)：12-14.
司莉，陈雨雪，曾粤亮，2017. 基于多语言本体的中英跨语言信息检索模型及实现[J].图书情报工作，61（1）：100-108.
孙丽，曹锦丹，2014.信息搜寻行为研究中任务概念框架的构建[J].图书情报工作，58（2）：47-52.
孙丽，曹锦丹，2016. 不同任务类型下查询重构行为分析[J]. 情报学报，35（9）：980-988.
孙在全，2011. 基于用户认知的信息检索研究[D]. 郑州：郑州大学.
田田，2006. 信息检索中多本体及智能人机交互的研究[D]. 济南：山东大学.
王浩成，汪淑云，车俊铁，2018. 国外基于情感角度的信息搜寻行为研究进展[J]. 情报科学，36（2）：165-170.
王竹立，2011. 关联主义与新建构主义：从连通到创新[J]. 远程教育杂志，29（5）：34-40.
温有奎，徐端颐，潘龙法，2004. 基于 XML 平台的知识元本体推理[J]. 情报学报，23(6)：643-648.
温有奎，徐国华，2003. 知识元链接理论[J]. 情报学报，22（6）：665-670.
文庭孝，侯经川，龚蛟腾，等，2007. 中文文本知识元的构建及其现实意义[J]. 中国图书馆学报，33（6）：91-95.
武秀波，2007. 认知科学概论[M]. 北京：科学出版社.
解加平，辛涛，2014. 概念图在评估学生学习中的应用[J]. 全球教育展望，43（1）：40-49.
西蒙斯 G，2009. 网络时代的知识和学习——走向连通[M]. 詹青龙，译. 上海：华东师范大学出版社.
肖元梅，王治明，王绵珍，等，2005. 主观负荷评估技术和 NASA 任务负荷指数量表的信度与效度评价[J]. 中华劳动卫生职业病杂志，23（3）：178-181.
闫瑶瑶，李永先，2016. 基于“稀缺理论”的信息检索认知模型研究[J]. 情报杂志，35（11）：136-140.
杨瑜，2016. 基于专长视角的学术信息检索认知能力研究[D]. 福州：福建师范大学.
杨月华，杜军平，平源，2015. 基于本体的智能信息检索系统[J]. 软件学报，26（7）：1675-1687.
叶六奇，石晶，2012. 知识地图的构建方法论研究[J]. 图书情报工作，56（10）：30-34.
袁红，张海潮，2016. 基于搜索时间序列聚类的网络用户搜索策略识别[J]. 图书情报工作，60（20）：94-103.
张少康，2016. 基于本体的信息检索技术的研究及其在教学平台中的应用[D]. 北京：北京交通大学.
张淑华，朱启文，杜庆东，2007. 认知科学基础[M]. 北京：科学出版社.
张一洲，2015. 基于 VSM 和偏好本体的个性化信息检索技术的研究[J]. 情报学报，34（7）：711-716.
张云秋，安文秀，冯佳，2012. 探索式信息搜索行为研究[J]. 图书情报工作，56（14）：67-72.
周宁，余肖生，刘玮，等，2006. 基于 XML 平台的知识元表示与抽取研究[J]. 中国图书馆学报，

32（3）：41-45.

周荣刚，张侃，李怀龙，2003. 背景信息导航帮助和认知风格对超文本使用的影响[J]. 心理科学，26（4）：642-645.

朱晶晶，2010. 电子商务网站分类体系理解的用户心智模型研究[D]. 南京：南京理工大学.

左银舫，2000. 认知建构主义学习观评析[J]. 湛江师范学院学报：哲学社会科学版，（4）：111-115.

Agree E M，King A C，Castro C M，et al.，2015. "It's got to be on this page": age and cognitive style in a study of online health information seeking[J]. Journal of Medical Internet Research，17（3）：e79.

Al-Diban S，2002. Diagnose Mentaler Modelle[M]. Hamburg：Verlag.

Alexopoulou P，Morris A，Hepworth M，2014. A new integrated model for multitasking during web searching[J]. Procedia-Social and Behavioral Sciences，147（25）：16-25.

Allport G W，1937. Personality：A Psychological Interpretation[M]. New York：Holt，Rinehart，& Winston.

Anderson O R，Demetrius O J，1993. A flow-map method of representing cognitive structure based on respondents'narrative using science content[J]. Journal of Research in Science Teaching，30（8）：953-969.

Baeza-Yates R，Ribeiro-Neto B，1999. Modern Information Retrieval[M]. 2nd ed. New York：Addison-Wesley-Longman Publishers.

Balatsoukas P，Morris A，O'Brien A，2009. An evaluation framework of user interaction with metadata surrogates[J]. Journal of Information Science，35（3）：321-339.

Bartels B H，1995. Promoting mathematics connections with concept mapping[J]. Mathematics Teaching in the Middle School，1（7）：542-549.

Belkin N J，1990. The cognitive viewpoint in information science[J]. Journal of Information Science，16（1）：11-16.

Belkin N J，1993. Interaction with texts：information retrieval as information seeking behavior[A]//Knorz G，Krause J，Womser-Hacker C. Information retrieval'93：von der modellierung zur anwendung. Konstanz Universitätsverlag Konstanz：55-66.

Belkin N J，Cool C，Kelly D，et al.，2001. Iterative exploration，design and evaluation of support for query reformulation in interactive information retrieval[J]. Information Processing & Management，37（3）：403-434.

Belkin N J，1980. Anomalous state of knowledge as a basis for information retrieval[J]. Canadian Journal of Information Science，（5）：133-143.

Blei D M，Ng A Y，Jordan M I，2003. Latent dirichlet allocation[J]. Journal of Machine Learning Research，（3）：993-1022.

Borlund P，2000. Experimental components for the evaluation of interactive information retrieval systems[J]. Journal of Documentation，56（1）：71-90.

Borlund P，2003. The concept of relevance in IR[J]. Journal of the American Society for Information Science and Technology，54（10）：913-925.

Borlund P，Dreier S，2014. An investigation of the search behaviour associated with Ingwersen's three types of information needs[J]. Information Processing & Management，50（4）：493-507.

Brookes B C，1980. The foundations of information science. part I. philosophical aspects[J]. Journal of Information Science，2（3-4）：125-133.

Carroll D，2008. Psychology of Language [M]. 5th ed. Singapore：Thomson Learning Asia.

Chen S Y，Macredie R D，2002. Cognitive styles and hypermedia navigation：development of a learning model[J]. Journal of the American Society for Information Science & Technology，53（1）：3-15.

Chen S Y，Macredie R D，2004. Cognitive modeling of student learning in web-based instructional programs[J]. International Journal of Human-Computer Interaction，17（3）：375-402.

Chen S Y，Magoulas G D，Dimakopoulos D，2005. A flexible interface design for Web directories to accommodate different cognitive styles[J]. Journal of the American Society for Information Science & Technology，56（1）：70-83.

Chen S，2002. A cognitive model for non-linear learning in hypermedia programmes[J]. British Journal of Educational Technology，33（4）：449-460.

Chen Y，Feeley T H，2013. Numeracy，information seeking，and self-efficacy in managing health：an analysis using the 2007 health information national trends survey（HINTS）[J]. Health Communication，29（9）：843-853.

Choi Y，2013. Analysis of image search queries on the web：query modification patterns and semantic attributes[J]. Journal of the American Society for Information Science and Technology，64（7）：1423-1441.

Cleverdon C W，Mills J，Keen E M，1966. Factors determining the performance of indexing systems[R]. Technical Report，ASLIB Cranfield Research Project，Cranfield.

Cleverley P H，Burnett S，2015. Retrieving haystacks：a data driven information needs model for faceted search[J]. Journal of Information Science，41（1）：97-113.

Cole C，Leide J E，Nwakamma E，et al.，2003. Structure of domain novice users'queries to a history database[J]. Proceedings of the American Society for Information Science and Technology，40（1）：271-279.

Collins A M，Loftus E F，1988. A spreading-activation theory of semantic processing[J]. Readings in Cognitive Science，82（6）：126-136.

Collins A M，Quillian M R，1969. Retrieval time from semantic memory[J]. Journal of Verbal Learning & Verbal Behavior，8（2）：240-247.

Collins-Thompson K，Rieh S Y，Haynes C C，et al.，2016. Assessing learning outcomes in web search：a comparison of tasks and query strategies[C]. Proceedings of Conference on Human Information Interaction and Retrieval（CHIIR'16），Carrboro：163-172.

Coutinho E，2014. Concept maps：evaluation models for educators[J]. Journal of Business and Management Sciences，2（5）：111-117.

Cronin P J，Dekhers J，Dunn J G，1982. A procedure for using and evaluating concept maps[J]. Research in Science Education，12（1）：17-24.

de Mey M，1977. The cognitive viewpoint：its development and its scope[J]. Communication & Cognition，10（2）：7-23.

Dervin B，1983. An overview of sense-making research：concepts，methods and results to date[C].

International Communication Association annual meeting，Chicago.

Dervin B，1989. Users as research inventions：how research categories perpetuate inequities[J]. Journal of Communication，39（3）：216-232.

Dervin B，1998. Sense-making theory and practice：an overview of user interests in knowledge seeking and use[J]. Journal of Knowledge Management，2（2）：36-47.

Dillon A，Watson C，1996. User analysis in HCI-the historical lessons from individual differences research[J]. International Journal of Human-Computer Studies，45（6）：619-637.

Dmitriev P A，Eiron N，Fontoura M，et al.，2006. Using annotations in enterprise search[C]// Proceedings of the 15th International Conference on World Wide Web，New York：ACM Press：811-817.

Dodson G N，Beck M W，2004. The effects of domain knowledge on search tactic formulation[J]. Journal of the American Society for Information Science & Technology，55（3）：246-258.

Dommes A，Chevalier A，Lia S，2011. The role of cognitive flexibility and vocabulary abilities of younger and older users in searching for information on the web[J]. Applied Cognitive Psychology，25（5）：717-726.

Downing R E，Moore J L，Brown S W，2005. The effects and interaction of spatial visualization and domain expertise on information seeking[J]. Computers in Human Behavior，21（2）：195-209.

Du J T，2011. Cognitive coordinating behaviors in multitasking web search[C]. Proceeding of the International ACM SIGIR Conference on Research and Development in Information Retrieval，SIGIR 2011，Beijing：1117-1118.

Du J T，Spink A，2011. Toward a web search model：integrating multitasking，cognitive coordination，and cognitive shifts[J]. Journal of the American Society for Information Science & Technology，62（8）：1446-1472.

Dunlop M D，Johnson C W，Reid J，1998. Exploring the layers of information retrieval evaluation[J]. Interacting with Computers，10（3）：225-236.

Egusa Y，Saito H，Takaku M，et al.，2010. Using a concept map to evaluate exploratory search[C]. Proceedings of the third symposium on information interaction in context，New Brunswick：175-184.

Elbedweihy K M，Wrigley S N，Clough P，et al.，2015. An overview of semantic search evaluation initiatives[J]. Journal of Web Semantics （30）：82-105.

Eppler M J，2001. Making knowledge visible through knowledge maps：concepts，elements，cases[C]. Proceedings of the 34th Hawaii International Conference on System Sciences，Maui.

Erdelez S，2004. Investigation of information encountering in the controlled research environment[J]. Information Processing&Management，40（6）：1013-1025.

Ericsson K A，Simon H A，1993. Protocol Analysis[M]. Cambridge：MIT Press Cambridge.

Evans V，2009. How Words Mean：Lexical Concepts，Cognitive Models，and Meaning Construction[M]. Oxford：Oxford University Press.

Fidzani B T，1998. Information needs and information-seeking behaviour of graduate students at the University of Botswana[J]. Library Review，47（7）：329-340.

Ford N，Miller D，Moss N，2005. Web search strategies and human individual differences：cognitive and demographic factors，internet attitudes，and approaches[J]. Journal of the American Society for Information Science and Technology，56（7）：741-756.

Ford N，Wilson T D，Foster A，et al.，2002. Information seeking and mediated searching. part 4. cognitive styles in information seeking[J]. Journal of the American Society for Information Science & Technology，53（9）：728-735.

Ford N，Eaglestone B，Madden A，et al.，2009. Web searching by the “general public”：an individual differences perspective[J]. Journal of Documentation，65（4）：632-667.

Ford N，Miller D，Moss N，2013. Web search strategies and human individual differences：cognitive and demographic factors，internet attitudes，and approaches[J]. International Immunology，123（3）：1390-1401.

Foss N J，Pedersen T，2003. The MNC as a knowledge structure：the roles of knowledge sources and organizational instruments in MNC knowledge management[J]. Danish Research Unit for Industrial Dynamics，（5）：1-33.

Freeman L C，Romney A K，Freeman S C，1987. Cognitive structure and informant accuracy[J]. American Anthropologist，89（2）：310-325.

Frias-Martinez E，Chen S Y，Liu X，2008. Investigation of behavior and perception of digital library users：a cognitive style perspective[J]. International Journal of Information Management，28（5）：355-365.

García E，Sicilia M Á，2003. Designing Ontology-based Interactive Information Retrieval Interfaces[M]//Meersman R，Tari Z. On The Move to Meaningful Internet Systems 2003：OTM 2003 Workshops. Heidelberg：Springer：152-165.

Garner B K，2008. When students seem stalled[J]. Educational Leadership，65（6）：32-38.

Ghosh S，Rath M，Shah C，2018. Searching as learning：exploring search behavior and learning outcomes in learning related tasks[C]//Proceedings of the Conference on Human Information Interaction and Retrieval（CHIIR’18），New Brunswick. New York：ACM Press：22-31.

Glaser B G，Strauss A L，1967. The Discovery of Grounded Theory：Strategies for Qualitative Research[M]. New York：Aldine De Gruyter.

Guo G，Wang H，Bell D，2006. Using KNN model for automatic text categorization[J]. Soft Computing，10（5）：423-430.

Gwizdka J，2010a. Distribution of cognitive load in web search[J]. Journal of the Association for Information Science and Technology，61（11）：2167-2187.

Gwizdka J，2010b. What a difference a tag cloud makes：effects of tasks and cognitive abilities on search results interface use[J]. Information Research，14（4）：1-27.

Gwizdka J，Lopatovska I，2009. The role of subjective factors in the information search process[J]. Journal of the Association for Information Science and Technology，60（12）：2452-2464.

Hao X，Tao X，Wang S，et al.，2007. An effective method to improve KNN text classifier[C]// Proceedings of the 8th ACIS International Conference on Software Engineering，Artificial Intelligence，Networking and Parallel/DistributedComputing，Quebee，IEEE，Computer Society：379-384.

Hariri N，Asadi M，Mansourian Y，2014. The impact of users’ verbal/imagery cognitive styles on their web search behavior[J]. Asian Journal of Information Management，66（4）：401-423.

Harman D，2011. Information retrieval evaluation[J]. Synthesis Lectures on Information Concepts，Retrieval，and Services，3（2）：1-119.

Harper D J，Koychev I，Sun Y，et al.，2004. Within-document retrieval：a user-centred evaluation of relevance profiling[J]. Information Retrieval，7（3/4）：265-290.

Hjørland B，Albrechtsen H，1995. Toward a new horizon in information science：domain-analysis[J]. Journal of the Association for Information Science and Technology，46（6）：400-425

Hölscher C，Strube G，2000. Web search behavior of internet experts and newbies[J]. Computer Networks，33（1-6）：337-346.

Hong W，Thong J Y L，Wong W M，et al.，2002. Determinants of user acceptance of digital libraries：an empirical examination of individual differences and system characteristics[J]. Journal of Management Information Systems，18（3）：97-124.

Hsieh-Yee I，1998. Search tactics of web users in searching for texts，graphics，known items and subjects[J]. Reference Librarian，28（60）：61-85.

Hsieh-Yee I，2001. Research on web search behavior[J]. Library & Information Science Research，23（2）：167-185.

Ifenthaler D，Masduki I，Seel N M，2011. The mystery of cognitive structure and how we can detect it：tracking the development of cognitive structures over time[J]. Instructional Science，39（1）：41-61.

Ingwersen P，1992. Information Retrieval Interaction[M]. London：Taylor Graham.

Ingwersen P，1996. Cognitive perspectives of information retrieval interaction：elements of a cognitive IR theory[J]. Journal of Documentation，52（1）：3-50.

Ingwersen P，Järvelin K，2005. The Turn：Integration of Information Seeking and Retrieval in Context[M]. Berlin：Springer.

Ingwersen P，Järvelin K，2007. On the integrated cognitive theory for information retrieval：drifting outside the cave of the laboratory framework[D]. Budapest：Foundation for Information Society：135-147.

Inthiran A，Alhashmi S M，Ahmed P K，2015. A user study on the information search behaviour of medical students[J]. Malaysian Journal of Library & Information Science，20（1）：61-77.

Jansen B J，2005. Seeking and implementing automated assistance during the search process[J]. Information Processing & Management，41（4）：909-928.

Jimeno-Yepes A，Berlanga-Llavori R，Rebholz-Schuhmann D，2010. Ontology refinement for improved information retrieval[J]. Information Processing & Management，46（4）：426-435.

Kang R，Fu W T，2010. Exploratory information search by domain experts and novices[C]. Proceedings of the 15th International Conference on Intelligent User Interfaces，Hong Kong：329-332.

Karanam S，Jorge-Botana G，Olmos R，et al.，2017. The role of domain knowledge in cognitive modeling of information search[J]. Information Retrieval Journal，20（5）：456-479.

Kelly D，2009. Methods for evaluating interactive information retrieval systems with users[J]. Foundations and Trends in Information Retrieval，3（1-2）：1-224.

Kelly D，Harper D J，Landau B，2008. Questionnaire mode effects in interactive information retrieval experiments[J]. Information Processing & Management，44（1）：122-141.

Kim J，Oard D W，Romanik K，2000. Using implicit feedback for user modelling in internet and intranet searching[R]. College Park：College of Library and Information Services，University of Maryland.

Kim K S，2005. Experienced web users'search behavior：effects of focus and emotion control[C]. Proceedings of the 68th Annual Meeting of the American Society for Information Science and Technology（ASIST），Charlotte.

Kim K S，2008. Effects of emotion control and task on web searching behavior[J]. Information Processing & Management，44（1）：373-385.

Kim K S，Allen B，2002. Cognitive and task influences on web searching behavior[J]. Journal of the American Society for Information Science & Technology，53（2）：109-119.

Kinley K，Tjondronegoro D，2010. The impact of users'cognitive style on their navigational behaviors in web searching[C]. Proceedings of 15th Australasian Document Computing Symposium（ADCS），Melbourne：68-75.

Kinley K，Tjondronegoro D，Partridge H，et al.，2014. Modeling users'web search behavior and their cognitive styles[J]. Journal of the Association for Information Science & Technology，65（6）：1107-1123.

Kirschner P A，2002. Cognitive load theory：implications of cognitive load theory on the design of learning[J]. Learning & Instruction，12（1）：1-10.

Kruschwitz U，Lungley D，Albakour M D，et al.，2013. Deriving query suggestions for site search[J]. Journal of the American Society for Information Science and Technology，64（10）：1975-1994.

Kuhlthau C C，1991. Inside the search process：information seeking from the user's perspective[J]. Journal of the American Society for Information Science & Technology，42（5）：361-371.

Kumar S，Kumar Rana R，Singh P，2013. Ontology based semantic indexing approach for information retrieval system[J]. International Journal of Computer Applications，49（12）：14-18.

Lau T，Horvitz E，1999. Patterns of search：analyzing and modeling web query refinement[C]// Proceedings of the Seventh International Conference on User Modeling（UM'99）. New York：Springer-Verlag：119-128.

Lee J H，Segev A，2012. Knowledge maps for e-learning[J]. Computers & Education，59（2）：353-364.

Li Y，Belkin N J，2008. A faceted approach to conceptualizing tasks in information seeking[J]. Information Processing & Management，44（6）：1822-1837.

Lin J，Wu P，Abels E，2008. Toward automatic facet analysis and need negotiation：lessons from mediated search[J]. ACM Transactions on Information Systems（TOIS），27（1）：171-212

Lin S J，Xie I，2013. Behavioral changes in transmuting multisession successive searches over the web[J]. Journal of the American Society for Information Science and Technology，64（6）：1259-1283.

Man W L，Chen S Y，Chrysostomou K，et al.，2009. Mining students'behavior in web-based learning programs[J]. Expert Systems with Applications，36（2）：3459-3464.

Marchionini G，2006. Exploratory search：from finding to understanding[J]. Communications of the ACM，49（4）：41-46.

Markham K M，Mintzes J J，Jones M G，1994. The concept map as a research and evaluation tool：further evidence of validity[J]. Journal of Research in Science Teaching，31（1）：91-101.

Mcmurray J，2014. Rubric for assessing concept maps[R]. Centre for Teaching Excellence，University of Waterloo.

Meina M，Nguyen H S，2015. Search result clustering based on query context[J]. Fundamenta Informaticae，137（2）：273-290.

Miotto R，Jiang S L，Weng C L，2013. eTACTS：a method for dynamically filtering clinical trial search results[J]. Journal of Biomedical Informatics，46（6）：1060-1067.

Miwa M，Egusa Y，Saito H，et al.，2011. A method to capture information encountering embedded in exploratory Web searches[J]. Information Research，16（3）：487.

Morita M，Shinoda Y，1994. Information filtering based on user behavior analysis and best match text retrieval[C]//Proceedings of the 17th Annual International ACM SIGIR Conference on Research and Development in Information Retrieval. New York：Springer-Verlag：272-281.

Mutschkc P，Scharnhorst A，Belkin N J，et al.，2017. Guest editors'introduction to the special issue on knowledge maps and information retrieval（KMIR）[J]. International Journal on Digital Libraries，2017，18（1）：1-3.

Nauer E，Toussaint Y，2009. CreChainDo：an iterative and interactive web information retrieval system based on lattices[J]. International Journal of General Systems，38（4）：363-378.

Navarro-Prieto R，Scaife M，Rogers Y，1999. Cognitive strategies in web searching[C]//Proceedings of the 5th Annual Human Factors and the Web Conference，NIST，Gaithersburg：43-56.

Norman D A，Gentner D R，Stevens A L，1976. Comments on learning schemata and memory representation[A]//Klahr D. Cognition and Instruction. Hillsdale：Lawrence Erlbaum：177-196.

Novak J D，1988. Learning science and the science of learning[J]. Studies in Science Education，15（1）：77-101.

Novak J D，Gowin D B，1984. Learning How to Learn[M]. Cambridge：Cambridge University Press.

Oard DW，Gonzalo J，Sanderson M，et al.，2004. Interactive cross-language document selection[J]. Information Retrieval，7（1-2）：205-228.

Paas F G W C，van Merriënboer J J G，1994. Instructional control of cognitive load in the training of complex cognitive tasks[J]. Educational Psychology Review，6（4）：351-371.

Paas F，Tuovinen J E，Tabbers H，van Gerven P W M，2003. Cognitive load measurement as a means to advance cognitive load theory[J]. Educational Psychologist，38（1）：63-71.

Pajić D，2014. Browse to search，visualize to explore：who needs an alternative information retrieving model?[J]. Computers in Human Behavior，39：145-153.

Palmquist R A，Kim K S，2000. Cognitive style and online database search experience as predictors of web search performance[J]. Journal of the American society for information science，51（6），558-566.

Papadakos P，Armenatzoglou N，Kopidaki S，et al.，2012. On exploiting static and dynamically mined metadata for exploratory web searching[J]. Knowledge and Information Systems，30（3）：

493-525.

Park M，2013. Multi-dimensional analysis of dynamic human information interaction[J]. Information Research：An International Electronic Journal，18（1）：19.

Park M，2015. Human multiple information task behavior on the web[J]. Aslib Journal of Information Management，67（2）：118-135.

Phelps E A，2006. Emotion and cognition：insights from studies of the human amygdale[J]. Annual Review of Psychology，57（1）：27-53.

Ponte J M，Croft W B，1998. A language modeling approach to information retrieval[C]//Proceedings of the 21st Annual International ACM SIGIR Conference on Research Development in Information Retrieval，Melbourne. New York：ACM Press：275-281.

Preece P E，1976. Mapping cognitive structure：a comparison of methods[J]. Journal of Educational Psychology，68（1）：1-8.

Pressley M，2000. Development of grounded theories of complex cognitive processing：exhaustive within and between-study analysis of think-aloud data[A]//Schraw G，Impara J. Issues in the Measurement of Metacognition. Linclon：Buros Institute of Mental Measurements，University of Nebraska Press：261-296.

Qu Y，Furnas G W，2008. Model-driven formative evaluation of exploratory search：a study under a sensemaking framework[J]. Information Processing & Management，44（2）：534-555.

Reid G B，Nygren T E，1988. The subjective workload assessment technique：a scaling procedure for measuring mental workload[J]. Advances in Psychology，52（8）：185-218.

Riding R J，Cheema I，1991. Cognitive styles-an overview and integration[J]. Education Psychology，11（3/4）：193-215.

Rieh S Y，Xie H，2006. Analysis of multiple query reformulations on the web：the interactive information retrieval context[J]. Information Processing & Management，42（3）：751-768.

Robins D，2000. Shifts of focus on various aspects of user information problems during interactive information retrieval[J]. Journal of the American Society for Information Science，51（10）：913-928.

Russell D M，Stefik M J，Pirolli P，et al.，1993. The cost structure of sensemaking[C]//Proceedings of Conference on Human Factors in Computing Systems. New York：ACM：269-276.

Saito H，Miwa K，2002. A cognitive study of information seeking processes in the WWW：the effects of searcher's knowledge and experience[C]. Proceedings of the Second International Conference on Web Information Systems Engineering，Kyoto：321-327.

Salarian M，Ibrahim R，Nemati K，2012. The relationship between users cognitive style and information seeking behavior among postgraduate engineering students[J]. Procedia-Social and Behavioral Sciences，56（3）：461-465.

Salton G，Buckley C，1990. Improving retrieval performance by relevance feedback[J]. Journal of the American Society for Information Science，41（4），288-297.

Saracevic T，1995. Evaluation of evaluation in information retrieval[C]//Proceedings of the 18th Annual International ACM SIGIR Conference on Research and Development in Information Retrieval. New York：ACM：138-146.

Saracevic T, 1996. Relevance Reconsidered [C]//Proceedings of the Second Conference on Conceptions of Library and Information Science: Integration in Perspective. Copenhagen: Royal School of Librarianship: 201-218.

Saracevic T, 1999. Information science[J]. Journal of the American Society for Information Science, 50 (12): 1051-1063.

Savolainen R, 2010. Information use as gap-bridging: the viewpoint of sense-making methodology[J]. Journal of the Association for Information Science & Technology, 57 (8): 1116-1125.

Savolainen R, 2013. Network competence and information seeking on the Internet[J]. Journal of Documentation, 58 (58): 211-226.

Savolainen R, 2015. The interplay of affective and cognitive factors in information seeking and use comparing Kuhlthau's and Nahl's models[J]. Journal of Documentation, 71 (1): 175-197.

Savolainen R, Kari J, 2006. Facing and bridging gaps in web searching[J]. Information Processing & Management, 2006, 42 (2): 519-537.

Schaal S, Bogner F X, Girwidz R, 2010. Concept mapping assessment of media assisted learning in interdisciplinary science education[J]. Research in Science Education, 40 (3): 339-352.

Scholer F, Kelly D, Wu W C, et al., 2013. The effect of threshold priming and need for cognition on relevance calibration and assessment[C]//International ACM SIGIR Conference on Research and Development in Information Retrieval. Dublin, Irland. New York: ACM Press: 623-632.

Schvaneveldt R W, Dearholt D W, Durso F T, 1988. Graph theoretic foundations of pathfinder networks[J]. Computers & Mathematics with Applications, 15 (4): 337-345.

Sharit J, Hernández M A, Czaja S J, et al., 2008. Investigating the roles of knowledge and cognitive abilities in older adult information seeking on the web[J]. ACM Transactions on Computer-Human Interaction, 15 (1): 310-325.

Shavelson R J, 1972. Some aspects of the correspondence between content structure and cognitive structure in physics instruction[J]. Journal of Educational Psychology, 63 (3): 225-234.

Shoemaker P J, Jr Tankard J W, Lasorsa D L, 2003. How to Build Social Science Theories[M]. Calif: Sage Publications.

Small G W, Moody T D, Siddarth P, et al., 2009. Your brain on Google: patterns of cerebral activation during internet searching[J]. Journal of the American Association for Geriatric Psychiatry, 17 (2): 116-126.

Spink A, Dee C, 2007. Cognitive shifts related to interactive information retrieval[J]. Online Information Review, 31 (6): 845-860.

Spink A, Greisdorf H, Bateman J, 1998. From highly relevant to not relevant: examining different regions of relevance[J]. Information Processing & Management, 34 (5): 599-621.

Spink A, Park M, Jansen B J, et al., 2006. Multitasking during web search sessions[J]. Information Processing & Management, 42 (1): 264-275.

Spink A, Wilson T D, Ford N, et al., 2002. Information seeking and mediated searching study. Part 3. Successive searching[J]. Journal of the American Society for Information Science & Technology, 53 (9): 716-727.

Strauss A, Corbin J, 1990. Basics of qualitative research: grounded theory procedures and techniques[J]. Contemporary Sociology，21（1）：138.

Suomela S，Kekäläinen J，2006. User evaluation of ontology as query construction tool[J]. Information Retrieval，9（4）：455-475.

Swanson D R，1988. Historical note：information retrieval and the future of an illusion[J]. Journal of the American Society for Information Science，39（2）：92-98.

Sweller J，1988. Cognitive load during problem solving：effects on learning[J]. Cognitive Science，12（2）：257-285.

Sweller J，1994. Cognitive load theory，learning difficulty，and instructional design[J]. Learning & Instruction，4（4）：295-312.

Sweller J，Merrienboer J J G V，Paas F G W C，1998. Cognitive architecture and instructional design[J]. Educational Psychology Review，10（3）：251-296.

Talja S，1997. Constituting "information" and "user" as research objects：a theory of knowledge formations as an alternative to the information man-theory[J]. Information Seeking in Context，10（1）：67-80.

Tang M C，Liu Y H，Wu W C，2013. A study of the influence of task familiarity on user behaviors and performance with a MeSH term suggestion interface for PubMed bibliographic search[J]. International Journal of Medical Informatics，82（9）：832-843.

Teevan J，Dumais S T，Horvitz E，2010. Potential for personalization[J]. ACM Transactions on Computer-Human Interaction，17（1）：126-126.

Tenopir C，Wang P，Zhang Y，et al.，2008. Academic users' interactions with ScienceDirect in search tasks：affective and cognitive behaviors[J]. Information Processing & Management，44（1）：105-121.

Toms E G，Villa R，Mccay-Peet L，2013. How is a search system used in work task completion?[J]. Journal of Information Science，39（1）：15-25.

Vail E F，1999. Mapping organizational knowledge[J]. Knowledge Management Review，2（8）：10-15.

Vakkari P，2001. A theory of the task-based information retrieval process：a summary and generalization of a longitudinal study[J]. Journal of Documentation，57（1）：44-60.

Vakkari P，Pennanen M，Serola S，2003. Changes of search terms and tactics while writing a research proposal：a longitudinal case study[J]. Information Processing & Management，39（3）：445-463.

Vassilakaki E，Johnson F，2015. The use of grounded theory in identifying the user experience during search[J]. Library & Information Science Research，37（1）：77-87.

Vechtomova O，2005. The role of multi-word units in interactive information retrieval[C]//Losada D E，Fernández-Luna J M. Advances in Information Retrieval. ECIR 2005. Lecture Notes in Computer Science，vol 3408. Heidelberg：Springer，2005：403-420.

Whelan R R，2007. Neuroimaging of cognitive load in instructional multimedia[J]. Educational Research Review，2（1）：1-12.

White R W，Jose J M，Ruthven I，2006a. An implicit feedback approach for interactive information retrieval[J]. Information Processing & Management，42（1）：166-190.

White R W，Kules B，Drucker S M，2006b. Supporting exploratory search[J]. Communications of the

ACM，49（4）：36-39.

White R W，Ruthven I，Jose J M，2002. The use of implicit evidence for relevance feedback in web retrieval[C]//Proceedings of 24th BCS-IRSG European Colloquium on Information Retrieval Research. Berlin：Springer-Verlag：93-109.

White R，Roth R，2009. Exploratory search：beyond the query-response paradigm[M]. San Rafael：Morgan & Claypool.

Wildemuth B M，Freund L，2012. Assigning search tasks designed to elicit exploratory search behaviors[C]//Proceedings of 6th Symposium on Human-Computer Interaction and Information Retrieval（HCIR）. Cambridge，MA New York：ACM：4.

Wildemuth B，Freund L，Toms E G，2014. Untangling search task complexity and difficulty in the context of interactive information retrieval studies[J]. Journal of Documentation，70（6）：1118-1140.

Wildemuth B M，2004. The effects of domain knowledge on search tactic formulation[J]. Journal of the American Society for Information Science and Technology，55（3）：246-258.

Wilson T D，1997. Information behaviour：an interdisciplinary perspective[J]. Information Processing and Management，33（4）：551-572.

Wilson T D，2000. Human information behavior[J]. Informing Science，3（2）：49-56.

Witkin H A，Goodenough D R，1981. Cognitive styles：essence and origins. Field dependence and field independence[J]. Psychology Issues，51（51）：1-141.

Wu M M，Liu Y H，2011. On intermediaries'inquiring minds，elicitation styles，and user satisfaction[J]. Journal of the American Society for Information Science and Technology，62（12）：2396-2403.

Xie B，Salvendy G，2000. Prediction of mental workload in single and multiple tasks environments[J]. International Journal of Cognitive Ergonomics，4（3）：213-242.

Xie H，2000. Shifts of interactive intentions and information-seeking strategies in interactive information retrieval[J]. Journal of the American Society for Information Science，51（9）：841-857.

Xie H，2003. Supporting ease-of-use and user control：desired features and structure of web-based online IR systems[J]. Information Processing & Management，39（6）：899-922.

Xie H，2007. Shifts in information-seeking strategies in information retrieval in the digital age. A planned-situational model[J]. Information Research，12（4）：646-656.

Xie I，Joo S，2010. Transitions in search tactics during the web-based search process[J]. Journal of the American Society for Information Science and Technology，61（11）：2188-2205.

Xu Y J，2007. The dynamics of interactive information retrieval behavior，part I：an activity theory perspective[J]. Journal of the American Society for Information Science and Technology，58（7）：958-970.

Xu Y J，Wang D，2008. Order effect in relevance judgment[J]. Journal of the American Society for Information Science and Technology，59（8）：1264-1275.

Yang K，Maglaughlin K L，Newby G B，2001. Passage feedback with IRIS[J]. Information Processing & Management，37（3）：521-541.

Yu R，Gadiraju U，Holta P，et al.，2018. Predicting user knowledge gain in information search sessions[C]//The 41st International ACM SIGIR Conference on Research and Development in Information Retrieval. Ann Arbor，USA. New York：ACM：75-84.

Yuan X，J. Belkin N，2014. Applying an information-seeking dialogue model in an interactive information retrieval system[J]. Journal of Documentation，70（5）：829-855.

Zhang P，Soergel D，2014. Towards a comprehensive model of the cognitive process and mechanisms of individual sensemaking[J]. Journal of the Association for Information Science & Technology，65（9）：1733-1756.

Zhang P，Soergel D，2016. Process patterns and conceptual changes in knowledge representations during information seeking and sensemaking：a qualitative user study[J]. Journal of Information Science，42（1）：59-78.

Zuccon G，Leelanupab T，Whiting S，et al.，2013. Crowdsourcing interactions：using crowdsourcing for evaluating interactive information retrieval systems[J]. Information Retrieval，16（2）：267-305.